恆春半島深度旅遊

陳文山
周民雄
李可
遠流台灣館

編著

認識篇

車城地區

西海岸地區

恆春地區

墾丁地區

東海岸地區

南仁山地區

地圖篇

附錄篇

 遠流出版公司

目錄

認識篇

車城地區

西海岸地區

恆春地區

墾丁地區

東海岸地區

南仁山地區

地圖篇

附錄篇

恆春14大魅力

1.石灰岩奇景
大自然滴水穿石造就的祕境、寶穴，曲徑引人尋幽探險。

2.壯觀的雨林
粗壯的樹根、繁茂的華蓋，糾纏、盤結，駭人的生命力，無聲的競技場。

3.廣闊的牧場及草原
溢出天際的萬頃草浪，與雲影共徘徊，和牛群一起散步。

4.珍貴的海漂林
棋盤腳漂洋而來，點起綠色火焰，燃燒著海岸線，光芒耀眼。

5.恆春城懷舊
好風好水的地理位置，固若金湯的城池，登樓台仍可看見歷史的身影。

6.賞鳥人的天堂
滿州，灰面鵟鷹反覆盤旋，龍鑾潭，澤鳧載浮載沈，忙壞了賞鳥人。

7.狂飆落山風
脫離了中央山脈束縛的東北季風，飛沙走石，天地宛如回到最初。

8.洋蔥的味道
田裡、路攤上，成列成串，歡迎品味南島陽光的顏色、落山風的辛辣。

9.豐富的珊瑚礁海岸生態
多孔成堆的礁石，為潮間帶生物
搭建樓閣，方便和遊客捉迷藏。

10.沙丘奇蹟
河沙流成沙灘，沙灘隨季風捲起
沙，堆積堆積，堆出海邊沙漠的
奇蹟。

11.海底珊瑚礁花園
繽紛的珊瑚、魚貝，這裡是彩虹
的源頭，海底世界的花園。

12.海岬之美
陸地最南的貓鼻頭、鵝鑾鼻，三面環海，最無遮攔的視野，巴士海峽近在眼前。

13.戲水之樂
看不盡的海岸線，走不完的沙灘，各式各樣親水的遊樂，學習與海交朋友。

14.燈塔傳說
名列古蹟的鵝鑾鼻燈塔，走近它，可看落日、觀星星，還可聽它守護舟船的故事。

深度·旅遊·新世紀

——增訂新版編者前言

有一種旅遊，
就像是尋寶一樣，
時時都會有新發現，
步步都充滿追尋和獲得的快樂……

1.讓旅遊更有深度

《台灣深度旅遊手冊》在1990年問世，掀起了「深度旅遊」的熱潮。

這套以新角度、新手法編製的旅遊書，有如尋寶圖一般，人們隨身攜帶上路，就像是有各行專家同行，歷史學、地理學、建築學、民俗學和自然科學等，沿路親切、詳盡的解說。

自出版以來，這套書獲得無數讀者熱烈的迴響，眾多的推薦文、評介、報導……以及各種獎項的肯定，在在證明了「深度旅遊」無與倫比的魅力，真是無遠弗屆，歷久彌新。

2.帶知識找到現場

一本以「深度」自我期許的旅遊書，應該具備哪些條件呢？我們認為，至少要有以下各項特色——

1. 深度知性的：透過學者專家的調查研究，深入詳盡的解說，突破一般旅遊書走馬看花、浮光掠影之弊。

2. 可以現場對照的：完全以使用者的角度來考慮的編輯設計，只要一書在手，立即達到現場對照解說的效果，讓你大開眼界，體驗深刻。

3. 有豐富的圖像解析：大量精心繪製的復原圖、解剖圖、透視圖、分解圖、地圖……配合實景照片，使深奧的知識更淺顯易懂，趣味十足。

4. 有完備的旅遊安排：精心規劃觀賞路線，各站並附有指示地圖，可依照需要自行導覽，輕鬆自如。

3.出發，遨遊新世紀

在跨進新世紀的時刻，我們決定將《台灣深度旅遊手冊》重新加以增訂、改版，以嶄新的面貌，繼續陪伴有心人士探索更多新境地。

當然，屬於「深度旅遊」的精神和風格，不但未變，而且更加的強化。除了上述各項必要條件，也增加了更多、更及時性的旅遊資訊；同時，在不影響方便攜帶的前提下，適當的擴大開本，讓閱覽更舒服，圖像解讀更清晰。

更特別的是，新版增加了「旅遊記事地圖」專篇，配合多幅詳盡、貼心的地圖，讓旅者將沿途印象深刻的人、事、時、地、物，一一記錄、繪製，完成專屬自己或同行親友的「旅遊日誌」，既實用有趣，更饒富紀念意義。

新世紀來了，無限的可能就在前方。走吧，帶著《台灣深度旅遊手冊》，現在就動身吧！

如何使用本書

認識篇

車城地區

西海岸地區

恆春地區

墾丁地區

東海岸地區

南仁山地區

地圖篇

附錄篇

本書所稱「恆春半島」是指屏東楓港以南的範圍；分為 6 大區域，共30個導覽站。照著本書的內容設計，可讓您一步步深入恆春半島：

①出發前先讀「認識篇」，概覽恆春半島的自然生態及人文歷史。

②現場看「導覽篇」深入解說（體例說明如下），並配合《恆春半島生物圖鑑》，認識各種生物。

③旅程中隨手製作自己的「旅遊記事地圖」（ ⇨ P.233）。

④行程及食宿可參考「歲時記事」、「建議行程」（ ⇨ P.14～16）以及「附錄篇」（ ⇨ P.262）。

導覽篇體例說明

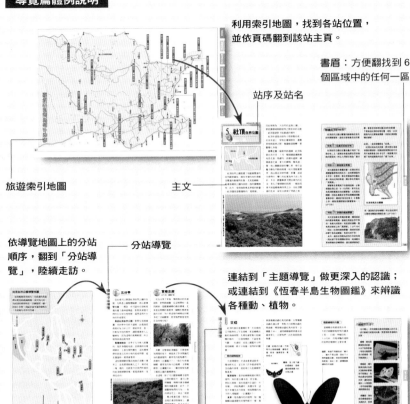

利用索引地圖，找到各站位置，並依頁碼翻到該站主頁。

書眉：方便翻找到 6 個區域中的任何一區

站序及站名

旅遊索引地圖

主文

依導覽地圖上的分站順序，翻到「分站導覽」，陸續走訪。

分站導覽

連結到「主題導覽」做更深入的認識；或連結到《恆春半島生物圖鑑》來辨識各種動、植物。

導覽地圖

主題導覽

恆春半島旅遊索引地圖

北

港仔沙丘 231頁

南仁山自然步道 224頁

石門古戰場 60頁

四重溪溫泉 58頁

尖山 54頁

車城 56頁

國立海洋生物博物館 66頁

八瑤灣

鼻頭

鹿寮

九棚

南仁山生態保護區

南仁山

南仁山管理站

八瑤

八瑤山

石門

四重溪

二重溪

統埔

保力

射寮

龜山

大統立高爾夫球場

大古

海口

199

26

台灣海峽

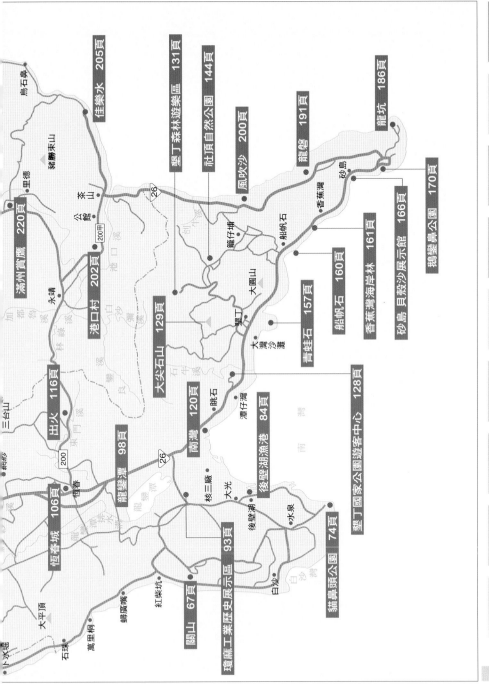

佳樂水 205頁

墾丁森林遊樂區 131頁

社頂自然公園 144頁

風吹沙 200頁

龍磐 191頁

龍坑 186頁

滿州賞鷹 220頁

港口村 202頁

鵝鑾鼻公園 170頁

砂島貝殼沙展示館 166頁

香蕉灣海岸林 161頁

船帆石 160頁

青蛙石 157頁

大尖石山 129頁

出火 116頁

龍鑾潭 98頁

南灣 120頁

墾丁國家公園遊客中心 128頁

後壁湖漁港 84頁

恆春城 106頁

瓊麻工業歷史展示區 93頁

貓鼻頭公園 74頁

關山 67頁

認識篇

車城地區

西海岸地區

恆春地區

墾丁地區

東海岸地區

南仁山地區

地圖篇

附錄篇

恆春半島分區地圖

車城地區是進入恆春半島的門戶。此地留下不少清末日軍侵略的歷史遺跡，如今則以大量洋蔥產銷而著稱。

恆春地區最不能錯過的就是恆春城。遊賞這個全台保存最完整的清代城池遺跡，可以體會它的南疆重鎮地位。

西海岸地區是自然環境與地方產業充份交融的地方，在遊賞珊瑚礁海蝕地形之外，另可暢遊漁港、龍鑾潭等。

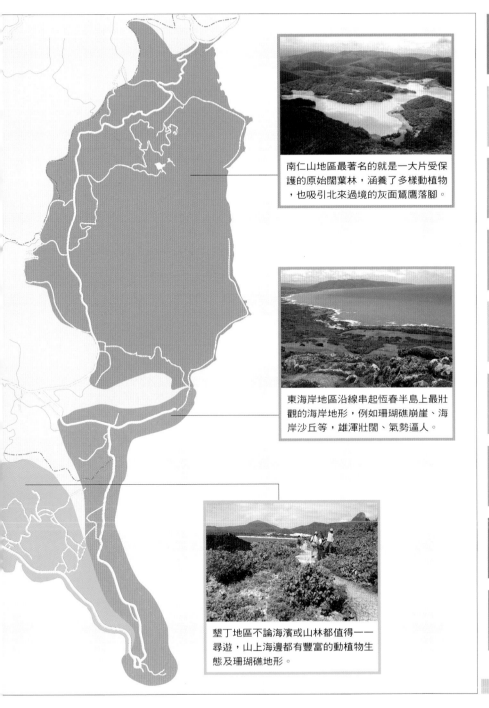

南仁山地區最著名的就是一大片受保護的原始闊葉林，涵養了多樣動植物，也吸引北來過境的灰面鵟鷹落腳。

東海岸地區沿線串起恆春半島上最壯觀的海岸地形，例如珊瑚礁崩崖、海岸沙丘等，雄渾壯闊、氣勢逼人。

墾丁地區不論海濱或山林都值得一一尋遊，山上海邊都有豐富的動植物生態及珊瑚礁地形。

認識篇

車城地區

西海岸地區

恆春地區

墾丁地區

東海岸地區

南仁山地區

地圖篇

附錄篇

恆春半島歲時記事

	1月	2月	3月	4月	5月	6月
風吹沙						
賞蝶季						
賞南十字星						
雁鴨度冬						
港口茶產期						
橫盤腳□						
相思樹開花						
林投結實						
黑皮旗魚盛產期						
洋蔥產期						
紅尾伯勞度冬						
飛魚盛產期						
紅隼度冬						
雨傘旗魚盛產期						
鬼頭刀盛產期						
蓮葉桐結實						
烏尾冬產期						

7月	8月	9月	10月	11月	12月

風吹沙

賞蝶季

恆春歌謠比賽

雁鴨度冬

港口茶產期

灰面鵟鷹過境

黑皮旗魚盛產期

鸚哥魚盛產期

紅尾伯勞度冬

家燕過境

赤腹鷹過境

紅隼度冬

白皮旗魚盛產期

欖仁結實

黃荊開花

蓮葉桐結實

烏尾冬產期

建議行程

以下提供的建議行程是以騎乘摩托車或開車為前提。這裡所挑選的地點都可盡覽恆春半島的特色，依旅遊日數分為4組，每一組行程都涵蓋了地形、海洋生態、植物、歷史古蹟、產業等面向。若要依自己興趣來設計行程，則可參考「遊憩活動一覽表」（⇨P.269）。

2日遊	第1天	海洋生物博物館（海洋生態）→瓊麻工業歷史展示區（產業）→（中午休息）→南灣（海洋生態）→關山或西海岸（眺望地形；日落）
	第2天	社頂（植物；賞蝶）→鵝鑾鼻公園（珊瑚礁地形；植物；歷史古蹟）→（中午休息）→龍磐（珊瑚礁地形）→風吹沙（地形）→佳樂水（岩石海岸地形）→港口村（產業）
3日遊	第1天	恆春城（歷史古蹟）→瓊麻工業歷史展示區（產業）→（中午休息）→後壁湖漁港（產業）
	第2天	社頂（植物；賞蝶）→香蕉灣海岸林（植物）→砂島（地形）→（中午休息）→南灣（海洋生態）→關山或西海岸（眺望地形；日落）
	第3天	墾丁森林遊樂區（石灰岩地形；植物）→遊客中心（中午休息）→鵝鑾鼻公園（珊瑚礁地形；植物；歷史古蹟）→風吹沙（地形）→佳樂水（岩石海岸地形）→港口村（產業）
4日遊	第1天	海洋生物博物館（海洋生態）→瓊麻工業歷史展示區（產業）→（中午休息）→恆春城（歷史古蹟）
	第2天	墾丁森林遊樂區（石灰岩地形；植物）→香蕉灣海岸林（植物）→砂島（地形）→（中午休息）→鵝鑾鼻公園（珊瑚礁地形；植物；歷史古蹟）→風吹沙（地形）→佳樂水（岩石海岸）→港口村（產業）
	第3天	社頂（植物；賞蝶）→青蛙石（珊瑚礁地形；植物）→（青年活動中心；中午休息）→後壁湖漁港（產業）→關山或西海岸（眺望地形；日落）
	第4天	遊客中心（參觀；聽簡報）→南灣（海洋生態）→（中午休息）→龍坑（珊瑚礁地形）→風吹沙（地形）→佳樂水（岩石海岸地形）→港口村（產業）
5日遊	第1天	海洋生物博物館（海洋生態）→恆春城（歷史古蹟）→（恆春小吃；中午休息）→瓊麻工業歷史展示區（產業）→後壁湖漁港（產業）
	第2天	社頂（植物；賞蝶）→（中午休息）→南灣（海洋生態）→關山或西海岸（眺望地形；日落）
	第3天	墾丁森林遊樂區（植物；石灰岩地形）→青蛙石（珊瑚礁地形；植物）→（青年活動中心；中午休息）→香蕉灣海岸林（植物）→砂島（地形）→鵝鑾鼻公園（珊瑚礁地形；植物；歷史古蹟）
	第4天	出火（地形）→港仔沙丘（地形）→南仁山步道（植物）※自備午餐
	第5天	遊客中心（參觀；聽簡報）→龍坑（珊瑚礁地形）→龍磐（珊瑚礁地形）→（聯勤活動中心；中午休息）→風吹沙（地形）→佳樂水（岩石海岸地形）→港口村（產業）

認識 恆春半島

恆春半島的自然生態及地形十分特殊，人文風土及產業也獨具一格；在碧海藍天及群山之間遊賞，每個地點都展現出不同的風貌。以下篇幅特別整理、歸納出當地的各項特色，是認識恆春半島的16個祕訣，出發探訪之前，不妨來作一番全面的瞭解……

特約撰述／戴昌鳳（認識珊瑚）．吳尊賢（賞鳥之旅）
李匡悌（瞭解歷史背景─史前時期）

1 探索形成過程

台灣南方四周海域都是板塊交接處——東側是「菲律賓海板塊」；西南側則是「歐亞大陸板塊」和「南中國海板塊」。因此這裡的地殼變動相當活躍，促使海底的沈積物質陸續露出海面，逐漸形成恆春半島——

1.1000萬年前

開始堆積深海沈積物： 在歐亞大陸的斜坡之下，是個平靜的深海盆地環境。中央山脈的沈積物，源源不斷來到，於是深海盆地內的礫石、泥沙越堆越厚。到了約500萬年前，盆地終於被填滿，進而變成淺海的大陸棚，和原有的斜坡連成一片。

2.100萬年前

露出山地及「外來岩塊」： 菲律賓海板塊不斷向歐亞大陸板塊擠壓，使得海床快速隆起，形成現在佳樂水以北的山地；並且將一部份沈積岩刮磨擠碎成大小混雜的岩塊，推移向西後抬升出海，形成「外來岩塊」（➪P. 72）。此時，四周淺海生長了許多珊瑚，死亡後的遺骸逐步往上堆積，形成珊瑚礁。

外來岩塊

來自深海的岩層：佳樂水濱海的厚砂岩層，就是1000萬年前開始堆積而成的深海沈積岩。

獨立突起的外來岩塊：拔地突出的青蛙石，是經過板塊推擠後，才遷徙並露出地面的。

最古老的石灰岩台地：墾丁台地（今墾丁森林遊樂區一帶）當年最先被抬升出海。

嶙峋壯觀的珊瑚礁：西台地最南端的貓鼻頭，是欣賞珊瑚礁地形的最佳去處。

3.50萬年前

露出鵝鑾鼻岬角：持續的地殼抬升作用將淺海珊瑚礁推擠出海面，形成鵝鑾鼻岬角。最老的珊瑚礁最先被抬升，較新的則緊接在後，所以形成一層層的石灰岩台地及珊瑚礁海階。

4.10萬年前

形成西台地及貓鼻頭岬角：板塊活動持續進行，中央山脈沿著「恆春斷層」向西推擠，迫使西側淺海的岩層抬升，形成「西台地」及貓鼻頭岬角，斷層前緣地區反而下陷，形成「恆春縱谷」。此時，半島上的兩個岬角已經到齊。

由於板塊作用仍十分活躍，恆春半島的山脈將會持續推高增長，大片沿海珊瑚礁也將露出海面，形成新的隆起珊瑚礁。

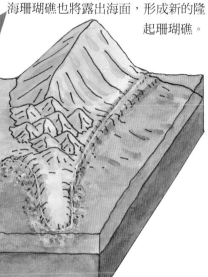

認識篇

2 飽覽 地形之美

恆春半島位於台灣島最南端。從楓港以南，台灣島的形狀變得瘦小細長，三面臨海，因此才稱為「半島」。

半島上大致可區分成 3 大地形區（見右圖）：東面的「中央山脈」，一直往鵝鑾鼻延伸；西面是「恆春西台地」，向南逶迤延至貓鼻頭；中間夾著狹長的「恆春縱谷」。

恆春半島面積雖然不大，地形景觀卻非常豐富，處處有景，美不勝收。舉凡山地、台地、海階、沙丘及湖泊皆聚集在此，爭相吸引眾人的目光。

連綿的山地

恆春半島的山地是中央山脈延伸的餘脈，峰峰相連，為台灣典型的山脈

恆春半島3大地形區示意圖

中央山脈
恆春縱谷
恆春西台地

貓鼻頭岬角
鵝鑾鼻岬角

景觀。此外，最特別的是一座座突出於低緩丘陵的「外來岩塊」，是全台灣少見的地形景觀。

中央山脈：從楓港進入半島時可見東側的里龍山，即是中央山脈的一部

一探究竟　**外來岩塊**

● 石門山　　● 虎頭山　● 門馬羅山
● 大圓山　　● 尖山（⇨P.54）
● 小尖石山　● 大尖石山（⇨P.129）
● 青蛙石（⇨P.157）

大尖石山突出於平緩丘陵上，是墾丁地區的地標。

份，海拔1062公尺，是半島上最高的山脈。往南海拔高度一路低降，最低處僅有 200 多公尺。

外來岩塊：顧名思義，是從其他地方移來的山塊，這種地形只在恆春半島及海岸山脈可以見到。外來岩塊大多零星分佈在半島南側，以墾丁地區最多。低緩的丘陵上突然有拔地而起的山峰，獨立於四周地表之上，非常顯眼。（形成 ⇨P.72）

平緩的石灰岩台地

台地指的是地形較平坦或平緩高起的地面，一般都是數萬年至數十萬年前抬升而成的，至今仍完整保留當初的平面。

恆春半島的 4 個台地都是「石灰岩台地」，原是在海底堆積的珊瑚礁，經歷數十萬年來板塊的推擠作用，陸續被抬高、露出水面。

恆春西台地：位在半島西側，台地的西側面海較陡峭，東側則緩緩傾斜，與恆春縱谷相連。（形成 ⇨P.73）

墾丁台地、社頂台地和龍磐台地：位在東面的鵝鑾鼻岬角，台地面近乎水平，可視為中央山脈的延伸；3 個台地由北到南，高度逐次遞減，台地經過長期溶蝕，形成各種石灰岩地形（⇨P.26）。

狹窄的珊瑚礁海階

恆春半島西側及南側沿海有許多狹窄的小平地，約高出海面數公尺至20公尺，高度不等，那就是「海階」，有些漁村聚落就構築在上面，例如紅柴坑、萬里桐、船帆石等。

恆春半島的海階主要由5000年至2000年前生長在海底的珊瑚礁構成，它原來應是處在淺海海底，受到地殼抬升作用後才露出海面，形成海岸的小平地。恆春半島到目前為止還一直持續隆起，因此海底的珊瑚礁將陸續被抬升到地表，形成新的海階。

西海岸的萬里桐聚落

建在珊瑚礁海階的船帆石聚落

龍磐台地面呈現草原景觀

一探究竟　海階

● 西海岸（⇨P64）
● 貓鼻頭（⇨P.74）
● 青蛙石（⇨P.157）　● 龍坑（⇨P.186）
● 鵝鑾鼻（⇨P.170）　● 龍磐（⇨P.191）

風吹沙是典型的海岸沙丘

一探究竟 眺覽地形的好地點

● 墾丁森林遊樂區觀海樓（ ▷P.131）
● 社頂涵碧亭、凌霄亭（ ▷P.144）
● 鵝鑾鼻公園滄海亭（ ▷P.170）
● 關山（ ▷P.67） ● 貓鼻頭（ ▷P.74）
● 龍磐（ ▷P.191）

關山觀景台

壯觀的沙丘

冬季強勁的東北季風直接吹襲半島東側海岸，將沙灘的沙吹向陸地，堆高成小丘，稱為沙丘。恆春半島的沙丘是全台灣保存最完整的，有風吹沙（ ▷P.200）及港仔（ ▷P.231），其中又以港仔沙丘最為壯觀。

豐美的湖泊

恆春半島上有2個湖泊：「龍鑾潭」位在縱谷平原上，是著名的冬候鳥棲息地；而南仁山區內的「南仁湖」，則是幽靜的山中湖泊。

龍鑾潭：位於恆春縱谷南側。恆春縱谷是被擠壓下陷而形成的谷地，南側未被泥沙填平，長年積水而形成湖泊。（形成 ▷P.102）

南仁湖：位處南仁山區內的一個低窪小盆地。南仁山區有砂、頁岩相間排列，堅硬的砂岩不易被侵蝕，形成山頭；鬆軟的頁岩則被侵蝕成低窪小盆地，雨水豐沛時就積水成湖。（形成 ▷P.230）

靜臥於群山之間的南仁湖

3 欣賞海岸風貌

一探究竟　珊瑚礁海岸
● 西海岸（♢P.64）　● 青蛙石（♢P.157）
● 貓鼻頭（♢P.74）　● 鵝鑾鼻（♢P.170）
● 南灣（眺石）（♢P.120）

　　恆春半島三面環海，絕大多數都是珊瑚礁海岸；放眼全台灣，珊瑚礁海岸分佈最廣的，就屬恆春半島。因此，珊瑚礁海岸是恆春半島最鮮明的意象，吸引眾人的目光。

　　此外，除了澎湖，只有恆春半島的海岸擁有「貝殼沙灘」，似白色絹緞般晶瑩秀麗，教人流連忘返；佳樂水的「岩石海岸」，纍纍巨石、渾厚雄壯，也是山海之間絕美的綴飾。

　　珊瑚礁海岸：珊瑚只能生長在水質乾淨的熱帶淺海，有河流注入的海域夾帶泥沙，不適珊瑚生存。恆春半島沿海恰好符合珊瑚生長的條件，真是得天獨厚。珊瑚死後堆疊成礁，又經過幾十萬年來的地殼抬升作用，這才露出海面。

　　珊瑚礁的分佈以半島西側的淺海海岸為主，北起自四重溪河口，一直向南延伸到東海岸的港口溪河口。九棚灣南側海岸也有零星分佈。

　　貝殼沙灘：分佈在海岸內凹、且無河流入海之處，內含高比例的「生物碎屑」，例如珊瑚、貝殼碎片等，溫潤潔白，有別於台灣其他沙灘常見的黃、黑沙。貝殼沙含量較多的是白沙、砂島等沙灘（♢P.166）。

砂島是受保護的一方淨灘

　　岩石海岸：在北部、東部稱雄的岩石海岸，到了恆春半島，只分佈在佳樂水以北。此處的岩石都是巨大的厚層砂岩，1千萬年前沈積在深海海底，後來經過地殼抬升作用才露出海面，長久以來經過風、雨水與海浪侵蝕，呈現各種特殊的圖樣及紋理，更顯其亙古巍峨。（♢P.205）

珊瑚礁海岸十分美麗而珍貴

4 探訪珊瑚礁地形

一探究竟　現生珊瑚礁
● 西海岸（▷P.64）
● 貓鼻頭（▷P.74）
● 南灣（眺石）（▷P.120）
● 青蛙石（▷P.157）
● 鵝鑾鼻（▷P.170）

幾十萬年來，在恆春半島海域，珊瑚礁孳孳不息地生長，並且伴隨著地殼抬升作用，陸續露出海面，成為陸地的一部份。從海底的「現生珊瑚礁」，到海岸的「隆起珊瑚礁」，一直到海拔 100～300 公尺的「石灰岩台地」，終於形成全台灣最完整而豐富的珊瑚礁地形。

現生珊瑚礁

珊瑚只能生長在溫暖、水質澄澈、陽光充足的海域，恆春半島沿海正好符合這些條件，吸引大批珊瑚生長。某些珊瑚死亡後，會留下富含碳酸鈣的骨骼，久而久之堆疊成一大塊，就變成「珊瑚礁」（形成 ▷P.124），上面又可繼續生長新的活珊瑚，珊瑚死後又繼續往上堆疊。經過這漫長的造礁過程，終於打造出一個特殊的舞台，上演著豐富的海底生態。

顏色亮麗多變的珊瑚，形成森林一般的景觀，提供許多魚、蝦、貝類棲息的環境，就像繁華的大都會一般，構成繽紛絢麗的海底世界，所以又被譽為「海中熱帶雨林」或「海底花園」（▷P.30）。

淺海的現生珊瑚礁

隆起珊瑚礁

原本位於海底的珊瑚礁，受到板塊推擠作用的影響，逐漸被抬升，最後露出海面。從陸上看起來，這些隆起珊瑚礁就緊接在陸地邊緣，好像海岸穿上百褶裙一般。於是，這種緊依著陸地的珊瑚礁形態，就被稱為「裙礁」環境。

隆起珊瑚礁經年累月受到海水侵蝕，形成海蝕溝、溶蝕盤等海蝕地形，十分特殊。（↪P.80）

此外，在珊瑚礁的「潮間帶」，由於珊瑚礁多孔隙的特性，藏匿了許多海濱小生物，蘊藏了蓬勃的生機，不妨在此進行有趣的潮間帶觀察（↪P.125）。

一探究竟　隆起珊瑚礁

● 西海岸（↪P.64）
● 貓鼻頭（↪P.74）
● 南灣（眺石）（↪P.120）
● 青蛙石（↪P.157）　　● 鵝鑾鼻（↪P.170）

一探究竟　石灰岩台地

● 關山（恆春西台地）（↪P.67）
● 社頂（社頂台地）（↪P.144）
● 墾丁森林遊樂區（墾丁台地）（↪P.131）
● 鵝鑾鼻、龍坑、龍磐（龍磐台地）
　（↪P.170、186、191）

石灰岩台地

在漫長的歲月中，珊瑚礁一層一層地堆疊並逐漸膠結，最後形成堅硬、緻密的石灰岩，在幾十萬年前開始被抬升出海，形成石灰岩台地，至今最高的已有 300 公尺左右，即墾丁森林遊樂區所在的墾丁台地。

石灰岩台地與原有的山地相連，可視為中央山脈的延伸。並且，經過長期溶蝕，台地上形成各種石灰岩地形，如溶洞、滲穴、崩崖等，其中最富盛名的即是溶洞內的鐘乳石。（↪P.26）

5 造訪石灰岩地形

恆春半島最特殊而珍貴的地形景觀，非「石灰岩地形」莫屬了。石灰岩非常容易溶解於水，所以經常受到雨水或地下水的溶蝕而破壞，形成「滲穴」、「溶洞」、「崩崖」等石灰岩地形，在鵝鑾鼻岬角的 3 個石灰岩台地上，都可以見到。整體說來，龍磐台地抬升時間最晚，石灰岩地形尚處於幼年期；墾丁及社頂台地較早接受侵蝕，地形的發育已即將進入壯年期。

滲穴（石灰阱）

溶洞上方的岩盤失去支撐，慢慢崩落或下陷，地表就形成一個陷阱，所以滲穴又稱「石灰阱」。以龍磐台地聯勤活動中心的「仙洞」為代表，龍磐草原上也有數個下凹的滲穴。（⇨P.196）

溶洞

水份沿著石灰岩層的裂隙滲入，漸漸在地表下溶蝕出巨大的「溶洞」，內部並形成溫潤乳白的「鐘乳石」、「石筍」與「石柱」。鐘乳石生長速度非常慢，因此十分珍貴。溶洞以墾丁台地上的石筍寶穴為代表。（⇨P.142）

裂溝

由於石灰岩層底部地下水帶動的重力作用，岩層逐漸下陷滑落，於是在地面形成撕裂的缺口，即裂溝。

隆起珊瑚礁的溶蝕景觀

臨海的隆起珊瑚礁經年累月受海浪侵蝕，造成溶蝕盤、溶蝕洞、蜂窩岩、海蝕溝等海邊的溶蝕景觀，可見於龍坑（⇨P.190）及貓鼻頭（⇨P.80）的臨海地區。

溶蝕盤是海浪的雕塑作品

崩崖

由於地下水帶動的重力作用，石灰岩塊往大海的方向崩塌、滑落，造成半島上最驚心動魄的地形景觀，以龍磐台地上的龍坑、龍磐為代表（⇨P.194）。崩落的岩塊遭海水侵蝕，形成礁石林立的「礁林」景觀，則以鵝鑾鼻公園最著名（⇨P.172）。

龍磐台地的崩崖緊臨海岸

一探究竟　哪裡看石灰岩地形？

- 龍坑（⇨P.186）　● 龍磐（⇨P.191）
- 貓鼻頭（⇨P.74）　● 鵝鑾鼻（⇨P.170）
- 墾丁森林遊樂區（⇨P.131）

6 暢遊墾丁國家公園

墾丁國家公園於1982年成立，是我國第一座國家公園，也是唯一擁有海域範圍的國家公園。最主要的特色是珊瑚礁植群及珊瑚礁海域生態，可說是「珊瑚與珊瑚礁」的國家公園，不但在國內十分珍貴，在國際上也堪稱頂級。

國家公園將其海域及陸域範圍分為5區（見圖例）。以下是各重要景點的介紹：

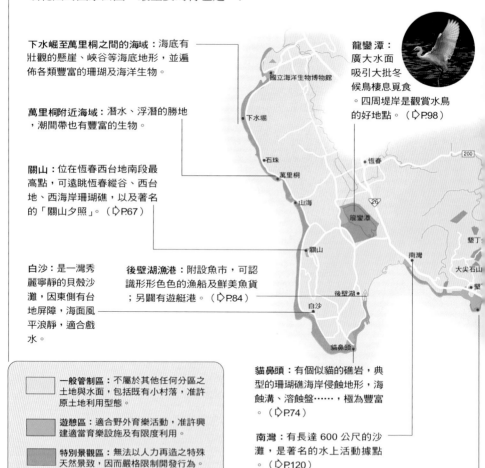

下水崛至萬里桐之間的海域：海底有壯觀的懸崖、峽谷等海底地形，並遍佈各類豐富的珊瑚及海洋生物。

萬里桐附近海域：潛水、浮潛的勝地，潮間帶也有豐富的生物。

關山：位在恆春西台地南段最高點，可遠眺恆春縱谷、西台地、西海岸珊瑚礁，以及著名的「關山夕照」。（▷P.67）

白沙：是一灣秀麗寧靜的貝殼沙灘，因東側有台地屏障，海面風平浪靜，適合戲水。

後壁湖漁港：附設魚市，可認識形形色色的漁船及鮮美魚貨；另闢有遊艇港。（▷P.84）

龍鑾潭：廣大水面吸引大批冬候鳥棲息覓食。四周堤岸是觀賞水鳥的好地點。（▷P.98）

貓鼻頭：有個似貓的礁岩，典型的珊瑚礁海岸侵蝕地形，海蝕溝、溶蝕盤……，極為豐富。（▷P.74）

南灣：有長達600公尺的沙灘，是著名的水上活動據點。（▷P.120）

青蛙石：與大尖石山同屬聳立的外來岩塊。可沿海濱步道遊賞珊瑚礁及海濱植物。（▷P.157）

國立海洋生物博物館
下水堀
石珠
萬里桐
山海
龍鑾潭
恆春
200
26
關山
南灣
墾丁
大尖石山
後壁湖
白沙
貓鼻頭
墾

一般管制區：不屬於其他任何分區之土地與水面，包括既有小村落，准許原土地利用型態。

遊憩區：適合野外育樂活動，准許興建適當育樂設施及有限度利用。

特別景觀區：無法以人力再造之特殊天然景致，因而嚴格限制開發行為。

生態保護區：為供研究生態而嚴格保護之天然生物社會及其生育環境。

史蹟保存區：為保存重要史前遺跡、史後文化遺址及有價值之歷代古蹟。

南仁山石板屋：位在南仁山腰靠近九棚灣之處，似為排灣族舊社遺址，有4排約60戶房屋，距今約700年歷史。

國家公園禁止行為：為了維護自然生態，在國家公園範圍內依法不得從事下列行為，否則最高可處以15,000元罰金，嚴重者則移送法辦。

- 盜採花木
- 於樹木、岩石及標示牌上加刻文字及圖形。
- 任意拋棄果皮、紙屑或其它汙物。
- 將車輛開進規定以外地區（如違規停車、駛入草地或沙灘）。
- 從事水上動力機械活動如水上摩托車、拖曳傘。
- 從事沙灘車、滑沙、陸上遊艇等活動。
- 捕捉珊瑚礁魚類、盜採珊瑚。
- 未經管理處許可，擅入生態保護區。

南仁山：堪稱全國最原始而豐富的低海拔闊葉林相，涵養上千種野生動植物（⇨P.224）。可申請參觀（⇨P.268）。

佳樂水：來自深海的厚砂岩層，蘊藏著奇妙的地形景觀。（⇨P.205）

社頂自然公園：植物景觀非常多樣，是賞蝶勝地。因位在受風面，部份植物表現出「風剪樹」的景觀。（⇨P.144）

墾丁森林遊樂區：石灰岩台地上孕育出茂密的高位珊瑚礁植群及石灰岩溶洞；林蔭處處、礁岩洞穴，植物或地形均可觀。（⇨P.131）

龍磐：呈現廣闊草原景觀的石灰岩台地，可認識崩崖、滲穴、裂溝等地形景觀；也適於欣賞日出、日落及星相。（⇨P.191）

砂島：有一片純白潔淨的貝殼沙灘，其碳酸鈣的比例高達97%，居墾丁國家公園之冠。（⇨P.166）

鵝鑾鼻公園：珊瑚礁石林立，又有「礁林公園」之稱。（⇨P.170）

鵝鑾鼻燈塔：建於1882年，為本島最古老的燈塔，也是唯一的武裝燈塔，牽涉到清末原住民及洋人之間的恩怨。（⇨P.180）

龍坑：因重力因素形成壯觀無比的崩崖。「亂石崩雲、驚濤裂岸」是最貼切的寫照（⇨P.186）。可申請參觀（⇨P.268）。

香蕉灣海岸林：為全國僅存的「漂流林」，種子皆從南洋漂流而來，十分珍貴。（⇨P.161）

船帆石：聳立海邊的礁岩，形狀像帆船（⇨P.160）。

大灣及小灣：潔白柔美的沙灘，分別位在青蛙石兩側。鄰近熱鬧的墾丁街，成為弄潮的熱門去處。

7 認識珊瑚

恆春半島海底景觀之豐富可一點也不輸給地面，它是台灣海底生態景觀最美麗的區域之一，也是構建墾丁國家公園地形上最重要的建築師。目前這些珊瑚礁生態已被墾丁國家公園列為保護區，是十分珍貴的自然資源。

長久以來，珊瑚礁提供了海洋生物覓食及棲息的空間，恆春的地形、漁業、觀光及動植物生態，莫不直接或間接的受到珊瑚的影響。現在就來認識這群居功厥偉的珊瑚。

為何珊瑚會生長在恆春半島？

珊瑚是生活在熱帶淺海的海洋生物，適合牠們生長的環境，必須具備以下條件：

溫暖的海水：珊瑚生存於水溫20～30℃之間的海域，恆春半島周圍海域有熱帶暖流——黑潮經過，使海水溫度終年都在攝氏20℃以上。

充足的光照：珊瑚體內有共生藻，必須在陽光充足的海域，才能讓共生藻獲得充足的陽光，以進行光合作用

，提供養份給珊瑚。

岩石的底質：珊瑚需要堅固的底質才能附著生長，恆春半島沿海地區沒有流量大的河川注入，不會沈積太多泥沙。

清澈的水質：珊瑚是行固著生長的動物，必須生長在乾淨清潔的海域裡，恆春半島周圍海域的水質清澈，正好提供適合珊瑚生長的良好環境。

由這些條件看來，珊瑚對於生長環境相當挑剔。

觸手：珊瑚蟲利用擺動的觸手抓取海中的小型浮游生物來當食物。由於珊瑚蟲觸手內有許多刺細胞，刺細胞受到刺激後會射出毒針與毒液，能擊斃獵物。

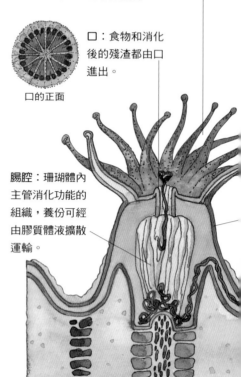

口的正面

口：食物和消化後的殘渣都由口進出。

腸腔：珊瑚體內主管消化功能的組織，養份可經由膠質體液擴散運輸。

珊瑚的構造

珊瑚是一群能分泌碳酸鈣的動物，大多數的珊瑚是群體型生物，由數十個至數萬或百萬個珊瑚蟲組合而成。

珊瑚蟲（見下圖）：是構造很簡單的動物。單一珊瑚蟲的外形就像一朵花，身體呈半透明圓筒狀，主要由口、腸腔、觸手和共生藻組成。牠們附著在岩石表層，不會移動，靠膠質體液的流動與擴散作用進行呼吸與養份的運送，體內遍佈網狀神經，一有外來刺激，觸手就馬上收縮起來。

珊瑚蟲會分泌碳酸鈣骨骼，有的呈不相連的小骨針狀，有的會一直沈積相疊，久而久之就形成珊瑚礁；這些會分泌相連骨骼的珊瑚就稱為「造礁珊瑚」。（珊瑚的一生➪P.124）

共生藻

共生藻：位於珊瑚蟲體的組織細胞內，是微小的單細胞藻類。珊瑚本身不具色素，而共生藻擁有多樣的色素，賦予珊瑚豐富的色彩。當共生藻在進行光合作用的同時，會吸收二氧化碳，讓珊瑚轉化成碳酸鈣，並把製造出來的一部份養份傳給珊瑚，間接促進珊瑚的鈣化和生長。

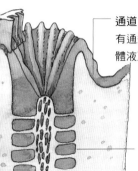

通道：每隻珊瑚蟲之間有通道相連，可靠膠質體液互相傳送養份。

碳酸鈣骨骼：健康的珊瑚會吸取海水中的礦物質，轉化成碳酸鈣骨骼沈積相疊。

珊瑚的分類

珊瑚主要可分為石珊瑚、軟珊瑚兩大類。（➪圖鑑 P.131）

石珊瑚：具有堅硬如石頭的骨骼。牠們新分泌的骨骼會連接在舊的骨骼上，所以日久能夠聚積碳酸鈣骨骼，建造珊瑚礁，是構成珊瑚礁生態系的主要工程師。石珊瑚死後，骨骼上的紋路可成為辨識種類的重要依據。（➪圖鑑 P.132）

軟珊瑚：身體柔軟，由肉質的組織構成。牠們分泌的骨骼是許多不相連的細小骨針，比較無法堆積出大塊的珊瑚礁。（➪圖鑑 P.137）

珊瑚白化

如果珊瑚失去共生藻，就形成了「珊瑚白化」的現象。當水溫、海水鹽度太高或太低、海水污染、光度不足，都會導致珊瑚體失去共生藻，使珊瑚褪色。短期的白化並不表示珊瑚死亡，但過久的白化會使珊瑚因長期缺乏養份來源，最終仍難逃死亡一劫。

角星珊瑚是石珊瑚的一種

肉質軟珊瑚有大片的肉質組織

白化的珊瑚

8 觀察植物

恆春半島位處熱帶而與南洋接近，因此有些植物種類和菲律賓等地極為相似，極富熱帶色彩；此外，受到3大環境因素：海流、東北季風及地質的影響，恆春半島的生態環境與眾不同，最有特色的是以下5個植物群落：

①珊瑚礁海濱植群：受到海水的影響最大。強勁的海風常夾帶海水吹向陸地，形成飽含鹽份的「鹽霧」，所以生長於此的植物都是特別耐鹽、抗風的種類。

水芫花

此外，海水有低潮、高潮之分，有時暴風來襲，海水還會打到高潮線以上的區域。所以，依海水影響的範圍不同，海濱植群又分為「水芫花優勢帶」及「海岸灌叢帶」（⇨P.178）。

白水木

林投

②海岸林：又稱漂流林。從南洋漂流而來的果實，在恆春半島沿岸登陸生根；尤其是大南灣沿岸，這個大灣澳像捕手手套般，涵納了許多洋流帶來的果實，發育成一片鬱鬱蔥蔥的森林。但因人為開發，海岸林今僅存於香蕉灣一帶（⇨P.161）。

水黃皮果實

蓮葉桐果實

海檬果果實

棋盤腳果實

欖仁果實

③高位珊瑚礁植群：生長在隆起珊瑚礁構成的石灰岩台地上。珊瑚礁石灰岩的特色是：土壤層稀薄、孔隙多、鹽份高。隆升至200～300公尺的石灰岩（例如社頂、墾丁森林遊樂區）距海已遠，雖然鹽份較少，但仍偏鹼性，因此以根系善竄礁岩孔隙、且能分泌根酸的榕類植物為優勢，尤其是墾丁森林遊樂區的白榕（⇨P.139）。

白榕是高位珊瑚礁優勢植物

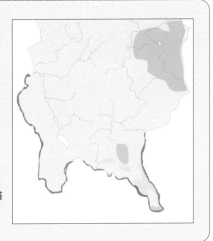

一探究竟　植物觀察地點

● 珊瑚礁海濱植群：青蛙石、鵝鑾鼻、
　龍坑（⇨P.157、170、186）
● 海岸林：青蛙石、香蕉灣（⇨P.157、161）
● 高位珊瑚礁植群：墾丁森林遊樂區、社頂、
　鵝鑾鼻（⇨P.131、144、170）
● 天然闊葉林：南仁山生態保護區（⇨P.224）
● 草原及灌叢：大尖石山下、社頂、龍磐
　（⇨P.129、144、191）

■ 珊瑚礁海濱植群	■ 海岸林
■ 高位珊瑚礁植群	□ 草原及灌叢
■ 天然闊葉林	

④**天然闊葉林**：南仁山生態保護區的地形變化豐富，又吸收東北季風帶來的豐沛水氣，發育出複雜多樣的天然闊葉林，涵蓋熱帶季風雨林、熱帶雨林、亞熱帶及暖溫帶的樹種，即呈「壓縮型」分佈，堪稱台灣低海拔最重要的植物寶庫（⇨P.227）。

大尖石山下的植物景觀

⑤**草原及灌叢**：多分佈在墾丁地區，受東北季風強烈吹襲，植物相呈現低矮的灌叢形態；由於位在內陸人群聚居地，遠從日治時期許多地方就已開墾成牧場，因而呈現草原與灌叢混生的狀態。（⇨P.154）

9 賞鳥之旅

恆春半島擁有相當豐富的鳥類資源，不僅留鳥種類繁多，更有候鳥每年遷徙到此，特別是在秋、冬時節，大批難能一見的過境鳥、冬候鳥在此作短暫休憩或度冬，深深吸引國內外無數賞鳥者前來朝聖。

特殊的地理環境

恆春半島能夠擁有如此豐富的鳥類資源，歸因於優越的地理環境——

多樣的棲地環境：恆春半島的氣候四季如春，且擁有森林、湖泊、草原……等多樣的天然環境，滿足各種鳥類的需要，吸引牠們在此棲息、覓食與繁衍。所以，在恆春半島不但可以賞森林裡的山鳥、湖泊上的水鳥，也可以看草原中的小雲雀，還有全世界獨一無二的烏頭翁。

什麼是候鳥？

候鳥會隨著季節而遷徙——秋天時長途跋涉、不遲辛勞的飛到南方溫暖的國家度冬，直到春天再北返北方繁殖地。

秋、冬時，許多來自北方的候鳥會到台灣度冬，直到春天才北返，是為「冬候鳥」。有些候鳥則是在春、夏時從南方飛抵台灣，然後在台灣繁殖，是為「夏候鳥」。有些候鳥在遷徙的時候只是路過台灣時稍作停留，稱為「過境鳥」。

候鳥遷徙的驛站：恆春半島是候鳥遷徙路線上一個非常重要的驛站，加上良好的氣候及天然環境，秋天時，紅尾伯勞、澤鳧等各種「冬候鳥」會隨著東北季風陸陸續續抵達，然後在此過冬，直到春天，天氣回暖時再北返。同樣遠從北方前來的赤腹鷹、灰

台灣特有種生物－烏頭翁

在恆春半島，常可聽到「巧克力、巧克力」清脆的鳴聲，這是「台灣特有種生物」——烏頭翁的叫聲。烏頭翁與西部平原常見的白頭翁長得相似，不同之處在於烏頭翁的頭頂、頭後均為黑色，白頭翁的頭後則有一塊大白斑。烏、白頭翁的分佈區域大致以楓港溪到蘇澳連線為界，以南是烏頭翁的天下，以北是白頭翁的王國。青年活動中心到青蛙石之間區域，是烏頭翁相當重要的繁殖所。

烏頭翁（◊圖鑑P.66）

面鵟鷹則多半只在此作短暫休憩，通常隔日就啟程繼續南下，只在天候不佳時多做停留。

熱門的賞鳥活動

賞鳥是恆春半島最熱門的活動之一，在充分了解以下的賞鳥資訊後，隨身攜帶望遠鏡及圖鑑（ ▷圖鑑P.49），就能盡情享受賞鳥的樂趣！

看草原性鳥類：偌大的草原地區是草原性鳥類的地盤。春、夏是鳥類的繁殖季，此時可以看到小雲雀的「飛唱」行為（ ▷P.193）——一邊飛翔，一邊發出嘹亮、婉轉富變化的鳴唱聲，這是草原性鳥類

小雲雀（ ▷圖鑑P65）

獨特的求偶方式。秋、冬時，金斑鴴、紅尾伯勞及紅隼會進駐此處。紅隼在空中「定點覓食」的絕技（ ▷P.193），是不能錯過的絕妙好戲。

看起鷹：每年9、10月，赤腹鷹陸陸續續過境恆春，在教師節前後達到高峰。社頂公園開闊的視野，是欣賞赤腹鷹「起鷹」的最佳地方（ ▷P.156）。在這裡可以同時欣賞到兩種截然不同的鷹群姿態——低空的鷹群逆風爬升，高空的鷹群乘風南飛。川流不息的鷹

賞鳥注意事項：
①賞鳥時需要安靜，請勿喧嘩。
②請勿靠近鳥類重要的棲息地，驚擾到鳥。
③賞水鳥時，若自備一具 7 ～10 倍的雙筒望遠鏡，可以更方便搜尋目標。
④避免穿著鮮豔的衣物。
⑤若需要其他任何資訊，請洽墾丁國家公園管理處或龍鑾潭自然中心（☎ ▷P.268）。

群景觀在空中宛如「鷹河」，可說是舉世罕見的過境奇景。

看落鷹：每年雙十節前後到達的灰面鵟鷹，為了飛越巴士海峽，會在滿州鄉背向東北季風的山坡休息（ ▷P.220），然後在次日清晨出發。下午時分，陸續抵達的鷹群此起彼落，或順著熱氣流繞同心圓狀或龍捲風型隊伍盤旋，形成獨特的「鷹柱」，精彩壯麗的戲碼直到天黑才落幕。

看家燕：家燕是夏候鳥，也是過境島。在台灣繁殖的家燕，繁殖期在2

在空中盤旋的灰面鵟鷹

家燕（▷圖鑑P.65）

～5月。5月下旬～9月中旬，則有20～30萬隻家燕過境恆春，數量在7、8月時達到最高峰，觀賞家燕最佳的時間是在7、8月的下午7點，在恆春城內的新興街及福德街一帶，可以欣賞到家燕盤旋於空中，然後紛紛降落在電線上的景緻。這些家燕滿滿的停佇在十數條電線上，由於數量多，在隔日的早晨常可見到電線下成行的白色糞便。

看水鳥：龍鑾潭（▷P.98）名列「台灣12大溼地」之一，是相當重要的候鳥度冬區。在這裡可以看到鷺科、雁鴨科、鷸鴴科……等各種水鳥，累積的鳥類紀錄多達

一探究竟　**賞鳥的據點**

● 看草原性鳥類：墾丁牧場（▷P.129）、龍磐草原（▷P.191）、籠仔埔牧場。
● 看落鷹：滿州鄉山頂橋、里德橋。（▷P.220）
● 看起鷹：社頂凌霄亭、涵碧亭。（▷P.144）
● 看水鳥：龍鑾潭自然中心南岸及東岸。（▷P.98）
● 看家燕—恆春鎮新興街、福德街。

200多種，秋、冬季水鳥造訪時，有時一天就可看到50種以上。

在龍鑾潭度冬的澤鳥群

候鳥的歲時記事

1月	2月	3月	4月	5月	6月	7月	8月	9月	10月	11月	12月
			鷗科鳥類過境						灰面鷹過境		
紅尾伯勞度冬								紅尾伯勞度冬			
雁鴨度冬							鷺科鳥類過境			雁鴨度冬	
								赤腹鷹過境			
			鷸鴴科鳥類過境					鷸鴴科鳥類過境			
				家燕過境							

10 四季訪蟲與賞蝶

在台灣其他地方，夏季是昆蟲活動的高峰季節；但在恆春半島，因位處熱帶，四季如春，所以秋冬季也可看到不少昆蟲、蝴蝶。恆春半島目前已知的昆蟲種類有7千多種，佔了全台灣的一半左右。擁有這樣豐富的昆蟲資源，主要得力於以下因素——

植物繁茂：植物是食物鏈中的生產者，絕大多數的昆蟲都賴以為食。恆春半島氣候濕潤溫暖，因此植物生長繁茂，甚至在冬季也有植物開花，為昆蟲、蝴蝶提供了豐盛的食物。

環境多元豐富：恆春半島廣大的內陸，環境十分多元豐富，有森林、灌叢、草原、湖泊……，提供昆蟲各式各樣的棲息場所。

何處尋蟲？

昆蟲大部份的時間都在覓食，所以，要尋找昆蟲的蹤跡，只要找到「餐桌」，就可以輕易欣賞到牠們的身影。找到昆蟲後可拿圖鑑來對照一番，充份享受賞蟲樂趣。（⇨圖鑑P.69）

花叢：恆春半島四季如春，不少植物終年開花不斷，因此四季都可見到蝴蝶訪花吸蜜的情景。其中，

蝴蝶正在訪花吸蜜

社頂自然公園是名聞遐邇的賞蝶勝地。

樹幹：樹幹上滲流出的樹液，是吸引昆蟲的美食。

樹幹上的鍬形蟲

喜歡吸樹液的昆蟲，也多半配備了破壞樹皮的工具，例如鍬形蟲頭前兩支揮舞的大顎，可以夾破樹皮；蟬跟椿象都有刺吸式口器，可以刺進樹幹吸取樹汁。

草叢及草地：某些昆蟲是以啃食葉子為主，例如俗稱蚱蜢的

台灣大蝗在草叢附近活動

蝗蟲及多數蝴蝶幼蟲。其中，台灣大蝗特別喜歡開闊的草地環境，在社頂的草地上時可發現。

泥土、落葉堆：地面泥土中混雜著殘枝敗葉、動物腐屍及糞便，看似平淡無奇，然而這卻是多數腐食性及雜食性昆蟲活躍的小天地，例如蟋蟀、大黑糞金龜等。

靜水環境：龍鑾潭及附近水田、社頂的山溝及小池塘、南仁山步道沿途的溪溝、濕地及南仁湖，都屬於靜水環境，是蜻蜓及豆娘的活動地點。

蜻蜓停在水面枯枝

11 體驗 東北季風

　　恆春半島從每年10月份至翌年4月，便是東北季風盛行的季節，風勢時強時弱，可持續4、5天，甚至10天半個月之久，但也可能僅僅2、3個小時就結束。風速最高可達每秒10至17公尺以上，相當於6級強風，也就是一個輕度颱風的威力，吹得人車都寸步難行，家家戶戶莫不緊閉門窗。

　　不過，東北季風雖為恆春半島帶來諸多不便，卻也增添了多項特色，從洋蔥到風剪樹，造就了恆春半島農作物，以及景觀上的資源，例如：

落山風：東北季風由北往南始終受制於中央山脈，到了恆春半島的中央山脈餘脈時，因高度都在1000公尺以下，於是季風翻山而下，加上石門峽谷、大武山谷與滿州鄉山脈谷地等形成「管束」效應，使得風力增強，形成直撲之勢，造成恆春半島西半部大風壓境的情形。當地人稱之為「落山風」。

洋蔥：強烈的東北季風使得洋蔥向上的生長受到抑制，地下的球莖更加結實而渾圓，味道也更濃；另一方面，乾燥的落山風吹乾了空氣中的水份，洋蔥減少因露水而造成的「露菌」病害，所以肉質厚且球莖大，是農業生產上利用風力資源的最佳範例（➪P.56）。

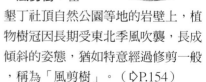
風剪樹

風剪樹：在墾丁社頂自然公園等地的岩壁上，植物樹冠因長期受東北季風吹襲，長成傾斜的姿態，猶如特意經過修剪一般，稱為「風剪樹」。（➪P.154）

風吹沙：東北季風將太平洋沿岸海灘上的沙子，吹向「龍磐台地」，並在台地凹溝堆積，形成「沙河」，甚至跨越台地西側的船帆石後方，形成著名的景觀「風吹沙」（➪P.200）。目前因公路開闢及種植木麻黃防風林的緣故，景況已不如過去壯觀，但冬季仍可看見黃沙撲向道路的畫面。

候鳥：乘著東北季風形成的強大氣流，大批候鳥自北地順風而下，飛抵恆春半島，將此視為過冬的「避寒勝地」，或繼續轉往南方的休息站。這些候鳥種類繁多，每年吸引了無數的鳥友湧向恆春地區（➪P.98、P.144、P.220）。

一探究竟　風之旅

　　追逐恆春半島的「東北季風」，不必等到冬季，只需依照下列地點安排，就會有一趟豐富的「風之旅」。

直接體驗
● 龍磐（➪P191）　　● 龍坑（➪P.186）

間接感覺
● 洋蔥：車城。（➪P.56）
● 風剪樹：社頂自然公園。（➪P.144）
● 風吹沙：風吹沙。（➪P200）
● 候鳥：龍鑾潭、社頂自然公園、滿州。（➪P.98、P.144、P.220）

12 瞭解歷史背景

恆春的歷史，似乎與其周遭的洋流有著莫大的關聯。依據考古遺址顯示，距今5000年前，恆春半島就有人類出現，這些人可能是隨著洋流追魚而來的，是為「史前時期」。而後的「原住民時期」，居住於此的大都為排灣族，稱此一地區為「瑯嶠」。進入「歷史時期」，最先覬覦這塊土地的是來自歐洲的荷蘭人，漢人則一直到了明鄭時代，唐山過台灣方才來此開墾。到了清朝，清廷因琉球船民引起的「牡丹社事件」失利，發現了恆春半島的重要性，於是築城設縣，加以鞏固海防；至於基本的建設更是從日本統治台灣才開始；光復至今，恆春半島正期待著以新的氣象再次出發。以下便依序分別介紹——

史前時期

恆春半島目前已發現60多處史前遺址，依據年代及生活區域，考古學家推測，距今5000年前才有人類在恆春半島活動的記錄。

5000年前：在龍坑自然生態保護區內的龍坑遺址和鵝鑾鼻公園內的「又一村」與「古洞」附近，有一群以海岸低地礁岩洞穴為棲身場所的人類。他們以狩獵、漁獵和採集謀生。當時還不懂得耕種作物和飼養動物。

4500年前：有一群史前住民在鵝鑾鼻公園前方停車場附近，以及大尖石山下的石牛溪畔，過著稍具規模的聚落生活。

繩紋陶器

他們會製作拍印繩紋的陶器，使用的工具更見細緻。其中在石牛溪畔的墾丁遺址是目前台灣發現最早有稻米遺留證據的地區。此外，近海的漁撈、採貝也是不可少的經濟活動。

繩紋陶片

3000年前：在鵝鑾鼻公園的珊瑚礁林間隙地中（又一村），當時有一群會燒製彩陶的族群，聚居在礁岩頂上或岩蔭下。他們漁撈的技術大有進步，能到更遠的海上追獵雨傘旗魚、鬼頭刀、鯊魚和捕撈各種珊瑚礁魚類；各種不同的石器、陶器、骨器、玉器，以及數量相當龐大的動物遺骸、貝殼和海龜的遺留，充份顯示了當時高密度的人口和頻繁的活動量。（▷P.176）

2500年前：在港口溪流域與滿州鄉響林地區另有一群文化背景稍見差異的族群，他們生活在河谷地上和丘陵山地，生活方式與海岸低地的聚落頗相類似，只是幾乎不見依賴海域資源的活動。

1500年前：台灣地區已跨入使用鐵器的時代。在保力溪溪口的龜山、港口溪下游地區，都發現有一群生活方式與海岸低地群相類似、但文化風格截然不同的族群。尤其是龜山遺址的考古發現，堆積如山的哺乳類動物骨骸，和獨具匠心帶有各種不同的人形紋、幾何紋和帶狀刺點紋陶片，明顯的展現了他們對當時陸域環境的高度掌握以及極具創意的藝術風貌。

原住民時期

早在漢人移入之前，就有原住民族居住於恆春半島。由於原住民族沒有文字，早期的生活情形主要靠原住民族群的口述、漢人與曾經來此的外國人所記載。

排灣族：排灣族主要分佈在中央山脈末段東西兩側，海拔500至1300公尺的山地，是恆春半島最大的原住民群，存在的時間可能早至1500年前左右，目前恆春半島上的排灣族主要分佈在牡丹鄉和滿州鄉。

早期的排灣族是貴族、平民、地主和佃農組成的封建社會。在生活型態上，以山地旱農業為主，種植小米、山芋和甘藷，狩獵、採集、山溪捕魚為副，男子則以狩獵展現技能。

排灣族的信仰來自日月山川和祖靈，有嚴格的祭典儀式、禁忌，住屋以石板砌成，行室內石板棺墓葬。生活器具、木雕和建築上，常以百步蛇、人、動物、太陽、陶壺和百合花為圖騰，配戴琉璃珠亦是其特色。

在恆春半島的東部丘陵山區中，至少有數十來處的石板屋聚落。雖然大部份的房屋建築已經倒塌，整個村落的空間佈局仍清晰可見。這些遺留記錄著典型排灣族文化的傳承。

排灣族部落與部落間或與其他族群間偶爾會發生戰爭。清末以降，在恆春半島的涉外事件中，屢屢扮演重要角色。

阿美族：主要分佈在花蓮至台東一帶的縱谷平原和海岸山脈外側的海岸平原，少部份在恆春半島，海拔高度約在 0 ～ 500 公尺左右，是目前台灣原住民族群中人口最多的一族。其在恆春半島的年代可能早至1500年前，目前恆春半島的阿美族分佈在牡丹鄉旭海一帶，滿州鄉響林、九棚和永靖等村落，但為數不多。

早期的阿美族社會組織為母系繼嗣，但部落活動以男性為主，男子以年齡階級和會所來參與部落事務。阿美族的聚落規模大且有完整的交通系統，由木、竹及茅草築成，生活形態以稻作農耕為主，兼有河川及海上捕魚。編織工藝極為精良，並製作陶器，但限女性。

一九○四年的排灣族牡丹社人

西拉雅族：是平埔族的一支，可能在1200年前左右就已存在，在原住族群中，與漢人接觸最早。根據文獻記載，西拉雅族最早居住在今台南市附近的平原與高屏溪一帶，後來移居恆春地區與排灣族為鄰。由於文獻與考古資料極少，對於西拉雅族的生活狀況認識有限，目前僅留有少數的「祀壺」信仰。今里德、長樂、社頂與恆春鎮郊區仍有零星分佈，但漢化已深，不易分辨。

早期的原住民族各有其強烈的文化特色，但時至今日，在生活外觀上已大致與漢人無異。

歷史時期

進入歷史時期的恆春半島，經歷了各個階段的政治體制。每個時代裡的恆春半島，都展現不同的歷史面貌。

荷據時代：荷蘭人1624年入台後，一度攻打台灣南部，最後連瑯嶠也向荷蘭歸順。瑯嶠領主曾請求荷蘭當局維護瑯嶠與卑南原住民之間的和平。荷蘭人因聽聞瑯嶠、卑南一帶金礦蘊藏豐富，便數次派兵經瑯嶠，再前往卑南探勘。

此時，漢人的足跡也已至此，並與原住民進行貿易活動，荷蘭人為了防止損及權益，嚴禁漢人在瑯嶠和原住民有生意往來。同時，荷蘭人脅迫原住民每年繳納租稅、納貢，領主定期出席荷蘭人召開的地方會議，開始了管轄瑯嶠的措施。

明鄭時代：1662年左右，鄭成功由

鄭成功

車城登陸，隨即開屯墾殖，並在現今的統埔一帶建立營盤，當時名為「統領埔」（⇨P.61），日後有一部份屯兵遷徙至網紗（今恆春網紗一帶）定居，另一部份遷往保力溪口。至此，恆春地區始有漢人大批移入。

明鄭時期，瑯嶠屬萬年縣（今鳳山）轄下，因地處偏遠，交通不便，加上氣候等因素，大多用來做為安置罪犯之所，但因漢人可以自由出入該地，甚或和原住民以物易物做生意，於是仍吸引漢人不絕於途，有些漢人甚至從事起開墾活動。一直到清康熙年間，漢人移居至瑯嶠者多達數百人，和原住民之間相處和睦，以致於有「樂土」的盛讚。

清領時代：清領台之後，康熙末年，瑯嶠地區因漢人與原住民間事端頻傳，於是清廷斷然下令禁止漢人前往原住民區域，一度豎石為界，為時長達150多年。

同治6年（1867）美國商船「羅發號」被颱風吹打至瑯嶠海面上，船主及船員14人登岸避難，卻為當地住民射殺，美國當局派兵前來調查，最後雙方達成協議，而為了確保日後船航的安全，更在鵝鑾鼻建立燈塔，因此有了鵝鑾鼻燈塔的雛形（⇨P.180）。

同治10年，琉球居民遇逆風漂流到八瑤灣口，船沈，有多人上岸後遭牡

丹社原住民殺死。事後，清廷始終漠視日方的嚴重抗議，只拾具罹難者的衣冠遺物，掩埋於車城，並立「琉球五十四藩民墓」碑（⇨P.61）。

同治13年，日軍以保護琉球人為由，派西鄉從道中將率領，在社寮（今車城鄉射寮村）登陸，兵分二路，在石門圍剿原住民，爆發「石門之役」（⇨P.61）。原住民仗著石門天險，居高臨下，初時還能抵擋日軍，無奈另一路日軍由石門後方攀上來，原住民在腹背受敵之下，最後終於戰敗。（⇨P.60）

日治時代的石門峽谷

牡丹社事件後，清廷終於明瞭台灣地位的重要，於是接受欽差沈葆楨建議，將瑯嶠建置為縣，改名「恆春」，並建造恆春城以確保國防上的安全（⇨P.106）。自此，方才改變了恆春半島長期置身「化外」的命運。

日治時代：清光緒21年（1896），清廷因甲午戰爭失利，割讓台灣給日本，台灣進入殖民地時期。

1901年，日本台灣總督府中央研究所林業部，在恆春龜仔角設立了「恆春林業試驗支所」，並且自國外引進513種熱帶植物，加以試種，一度

一探究竟　尋找歷史的足跡

史前時期
● 又一村遺址：鵝鑾鼻公園（⇨P.176）

清領時代
● 鵝鑾鼻燈塔：鵝鑾鼻公園（⇨P.180）
● 琉球五十四藩民墓：車城統埔村（⇨P.61）
● 石門古戰場：石門（⇨P.60）
● 恆春城：恆春（⇨P.106）

日治時代
● 畜試所恆春分所：大尖石山（⇨P.129）
● 瓊麻工業歷史展示館（⇨P.93）

維繫恆春半島經濟命脈的瓊麻，便是由此進入恆春半島；1904年創立「畜試所恆春分所」，從事培育、改良牛、羊等研究工作（⇨P.129），佔地寬廣，是當時全省最大的畜牧場；又在恆春半島沿海，展開捕鯨計劃，南灣是當時的捕鯨場（⇨P.120），也是大貨輪停靠的重要港口。配合環島公路的完成，日本在恆春半島的經濟及農業，不論實驗或發展，都顯得十分熱絡、繁榮。

較之上述的農經建設，日本當局更早在1896年於恆春建立「日語傳習所」，以期教化當地住民，這也使得恆春半島開始了教育方面的初步建設。

光復後：光復初期的恆春半島陷入一片蕭條，重要的經濟作物，瓊麻，在尼龍繩興起之後，一蹶不振，日治時代遺下的「恆春麻場」也在1983年宣佈關閉，徒留諾大的廢墟，直到1984年墾丁國家公園正式成立，於原址建立了「瓊麻工業歷史展示館」（

◁P.93），為瓊麻記錄了過去輝煌的一頁。

　　儘管經濟建設成果不彰，但豐富的自然景觀，卻是恆春難以掩棄的天生麗質，隨著墾丁國家公園，還有社頂自然公園（◁P.144）、龍鑾潭賞鳥自然中心（◁P.98）等陸續對外開放，從人文到生態，從西海岸到東海岸，從古城漫步到沙丘登高，恆春半島已

瓊麻採收情形

經構築了完備的旅遊網，展開了生命的第二春。

地名來由

　　恆春半島的歷史除了可由遺址、景點回顧之外，事實上，還可以從恆春半島的地名一窺究竟。恆春半島的地名極具特色，探究其由來，有直指原住民部落遺址、有仿效原住民語、有臨摹該地形等等，莫不充滿趣味。

　　由原住民聚落遺址而來：例如滿州，原名「蚊蟀埔」。相傳早年滿州因為飛禽走獸多，原住民上山打獵很容易就滿載而歸，甚至還常常因為吃不完任意丟棄，使得腐屍敗壞、穢氣四溢，人人稱臭。在當地排灣族原住民口中，「臭」的發音為「蚊蟀」，於是，久而久之這個地方便被稱為「蚊蟀埔」。

　　由原住民語的譯音而來：例如牡丹，原是排灣族群的一個分佈地，該地名在排灣語中，意指「已開發地」，後來漢人從其發音簡稱為「牡丹」。又如恆春，原叫做「瑯嶠」，譯自當地原住民的發音，意指當地的一種「蘭花」。「鵝鑾鼻」的「鵝鑾」則為排灣族對該地原來的稱呼，據傳源於附近有岩石如船帆狀，而「帆」的排灣語音即「鵝鑾」，至於「鼻」則取自「岬角」的意思。

　　由該地地形地貌而來：例如貓「鼻」頭、南「灣」、龍「坑」、龍「磐」等。石門，由於形勢險峻，彷若兩扇堅實的大門洞開，因而得名。蟳廣嘴，顧名思義是因港口海岸地形正如一隻蟳張開大螯一般，所以稱為「蟳廣嘴」。佳樂水，因此處有瀑布，閩南語稱之為「掉下來的水」的譯音。眺石，原來取其「……路多險阻，沿海『跳石』而行……」之意，後來才改為「眺石」。

　　由動物生態環境而來：如猴洞，原為一座小山丘的猴洞，因為過去常有猴子成群結隊棲息於此，因而得名。

　　由歷史事件而來：例如車城，屏東縣開發最早的地方，鄭成功時代即屯田駐兵於此。又名「柴城」，據說是因為清乾隆年間，駐兵在此圍木柵為城廓，當地人因此將這裡稱為「柴城」；另一種說法則是，恆春開發初期，在此墾地的居民曾以牛車圍城防禦原住民的突擊，因此稱此地為「車城」。

　　由植物而來：萬里桐因對外交通不便，不論從任何方向前往，都讓人感覺是路途迢迢，有如行萬里路，因此稱之為「萬里」，至於「桐」，據稱是因早年此地遍植刺桐之故。紅柴坑則是因為地勢比其他地方稍低，又植有許多海岸植物「紅柴」，所以得名。

恆春半島歷史大事

鵝鑾鼻燈塔

- ●1636　瑯𡙺社人歸順荷蘭人之統治
- ●1637　瑯𡙺領主前往安平要求荷蘭出面維持
　　　　排灣與卑南之間的和平
- ●1645　荷蘭人迫瑯𡙺納租進貢，
　　　　且禁止漢人插手瑯𡙺利益
- ●1662　鄭成功軍隊自車城登陸
- ●1721　清廷下令禁止漢人前往瑯𡙺原住民區域

美商船因登陸避風，發生「羅發號事件」　1867●

琉球人漂流至八瑤灣，遭原住民殺害，引發「牡丹社事件」　1871●

日將西鄉從道率軍自社寮登陸，與原住民交戰於石門　1874●

瑯𡙺設恆春縣，建恆春城　1875●

三山國王廟創建

建設港灣，為今日海口村　1880●

興建鵝鑾鼻燈塔　1882●

鵝鑾鼻燈塔落成　1883●

恆春設立日語傳習所　1896●

成立林業試驗所恆春支所　1901●

日技師移植瓊麻至恆春熱帶植物殖育場　1902●

設立畜試所恆春分所　1904●

牡丹社原住民

1960 　　　　　　　　　　1990

●1906　恆春熱帶植物園成立　　　　●1979　核三廠動工
　●1912　引自日本的洋蔥試植成功　　●1981　經濟部公告禁止捕鯨，結束台灣捕鯨事業
　●1913　台灣纖維株式會社設置恆春麻場　　　　　成立鵝鑾鼻公園
　　　　　台灣海陸產業株式會社於　　●1982　公告墾丁國家公園計劃
　　　　　大板埒採用小艇捕鯨　　　　　　　　　國家公園成立
　●1919　恆春麻場正式開工　　　　　●1983　恆春麻場結束營業
　●1920　東洋捕鯨株式會社於　　　　●1984　墾丁國家公園管理處正式成立
　　　　　大板埒興建工廠及簡易碼頭　●1993　貝殼沙展示館成立
　●1933　香蕉灣海岸林被指為　　　　　　　　　龍鑾潭自然中心成立
　　　　　「天然紀念林」　　　　　　●1995　恆春麻場改建為
　●1934　東洋捕鯨株式會社併入日本捕鯨公司　　　「瓊麻工業歷史展示館」
　　●1945　恆春麻場改名為高雄縣恆春纖維股份公司　●2000　國立海洋生物博物館
　　●1948　龍鑾潭的東側及北側築堤，成為水庫　　　　　正式對外開放
　　●1957　捕鯨業重新開始，香蕉灣成為　　　　　　　　墾丁國家公園遊艇港啟用
　　　　　　新的捕鯨加工基地

　　　●1968　墾丁森林遊樂區成立
　　　●1972　國家公園法通過、公佈
　　　●1975　成立佳樂水風景區
瓊麻圖　●1977　行政院長蔣經國指示於墾丁劃設國家公園
　　　●1978　國際捕鯨協會（IWC）減少台灣捕鯨數量
　　　　　　　交通部觀光局設立「墾丁風景特定區」

●●●●●●●●　　●●　　　●　　●●●●●　　●●　　　　　●　　　●　　●
一一一一一一一一　一一　　　一　　一一一一一　　一一　　　　　一　　　一　　二
九九九九九九九九　九九　　　九　　九九九九九　　九九　　　　　九　　　九　　○
二二三三四四四四　七七　　　七　　八八八八八　　九九　　　　　九　　　九　　○
○一○七一五七九　一四　　　九　　○三七八九　　一四　　　　　六　　　九　　○

台台霧中太台二國　退十　　　中　　北台解台台　　南台　　　　　李　　　台　　民
灣灣社日平灣二民　出大　　　美　　迴北除灣北　　迴灣　　　　　登　　　北　　進
地文抗戰洋光八政　聯建　　　斷　　鐵市戒人市　　鐵省　　　　　輝　　　市　　黨
方化日爭戰復事府　合設　　　交　　路地嚴口捷　　路市　　　　　當　　　捷　　陳
制協事爆爭　件遷　國工　　　　　　完下，突運　　通長　　　　　選　　　運　　水
度會件發爆　　台　　程　　　美　　工鐵開破開　　車首　　　　　首　　　新　　扁
改成　　發　　　　　展　　　麗　　　開放二工　　　次　　　　　次　　　店　　當
制立　　　　　　　　開　　　島　　　工大千　　　　民　　　　　民　　　線　　選
　　　　　　　　　　　　　　事　　　　陸萬　　　　選　　　　　選　　　通　　第
　　　　　　　　　　　　　　件　　　　探　　　　　　　　　　　總　　　車　　2
　　　　　　　　　　　　　　　　　　　親　　　　　　　　　　　統　　　　　任
　　　　　　　　　　　　　　　　　　　　　　　　　　　　　　　　九　　　民
　　　　　　　　　　　　　　　　　　　　　　　　　　　　台　　　二　　　選
　　　　　　　　　　　　　　　　　　　　　　　　　　　　北　　　一　　　總
　　　　　　　　　　　　　　　　　　　　　　　　　　　　市　　　地　　　統
　　　　　　　　　　　　　　　　　　　　　　　　　　　　捷　　　震
　　　　　　　　　　　　　　　　　　　　　　　　　　　　運
　　　　　　　　　　　　　　　　　　　　　　　　　　　　木
　　　　　　　　　　　　　　　　　　　　　　　　　　　　柵
　　　　　　　　　　　　　　　　　　　　　　　　　　　　線
　　　　　　　　　　　　　　　　　　　　　　　　　　　　通
　　　　　　　　　　　　　　　　　　　　　　　　　　　　車

13 探訪漁港與魚市場

恆春半島三面環海，環繞四周的洋流及珊瑚礁地形帶來豐富的魚類。沿海的居民以海為生，鏢旗魚則是當地重要的漁業。天然的珊瑚礁灣澳、造型奇特的鏢旗魚漁船和拍賣魚貨的魚市場，常吸引遊客、老饕前往尋寶。

想參觀當地的漁業活動、享受漁村的寧靜及景色，又想出海觀光一番，那麼，後壁湖漁港是唯一的選擇。

漁村風情：由於背對東北季風，以及具備珊瑚礁天然港灣的條件，大部分的漁村聚集在西海岸及南灣沿岸，並直接在珊瑚礁岩上開鑿港灣。萬里桐、蟳廣嘴、紅柴坑（▷P.70）⋯⋯沿海一帶的漁村，都可以看到這樣原

始的港灣。純樸、寧靜，是當地漁村最佳的寫照。

後壁湖漁港：每當颱風來臨，原始港灣無法提供有效的屏障，大部分的船筏會行駛到後壁湖漁港（▷P.84）躲避風雨。後壁湖漁港是恆春半島上最大的漁港，附設魚市場及魚貨直銷中心，所有捕獲的魚類都會被送到這裡進行交易與拍賣。每天下午3點半過後，遊客可以前往參觀漁船返航、漁獲拍賣或是選購海鮮。

海上遊憩：近年來，由於過度捕魚、海域污染等破壞，造成全球性的魚類資源枯竭，當地的漁業也受到影響而日漸式微。不過，恆春半島珍貴的海洋景觀資源卻開始受到重視。除了恆春區漁會積極拓展娛樂漁業外，墾丁國家公園也在後壁湖漁港的北側興建遊艇港（▷P.84），共同推動海上遊憩活動。

後壁湖漁港即景

46

14 認識漁業

待拍賣的雨傘旗魚

　　在恆春半島，漁民的作業海域主要在沿海數十海浬內，漁船都是當日往返，提供當天捕獲的新鮮「現撈」魚貨。當地的漁獲種類可分為表層洄游性魚類及珊瑚礁魚類，經濟產值最高的是洄游性的黑皮旗魚、白皮旗魚及雨傘旗魚。因此，鏢旗魚成為當地的漁業重心，而且以外銷日本為主。以下就來介紹當地主要的魚類資源及漁期——

洄游性魚類：恆春半島周遭的海域全年有洋流流經（圖▷P.85）——黑潮暖流全年不斷從赤道往北流進恆春半島南端，夏天時有來自中國南海的海流，冬天時有來自北方的大陸沿岸寒流，都為恆春半島帶來豐富的洄游性魚類，例如旗魚、巴籠、烏尾冬……等等，也帶來各種鯨魚，南灣及香蕉灣都因此曾是台灣重要的捕鯨據點（▷P.120）。

珊瑚礁魚類：環繞整個半島的海底珊瑚礁，孕育豐富的高經濟性珊瑚礁魚類，例如石斑、鸚哥、紅魽……等，都是國人的最愛。想嚐鮮者，可以直接找當地的海鮮店，也可以在後壁湖漁港附設的魚貨直銷中心購買（▷P.84），再找家餐廳代為烹煮。

漁期：珊瑚礁魚類幾乎是全年均可捕獲，但以夏天時的漁獲量較高。當大群洄游性魚類出現在附近海域，漁民就會更換漁具、裝備，前去捕捉這些魚類。每年10～12月落山風吹的季節，漁民會前往太平洋海域追逐白皮旗魚；12月～春節前後，黑皮旗魚會出現在巴士海峽；4～7月則是鏢射雨傘旗魚，或利用追逐網去捕捉飛魚及鬼頭刀。

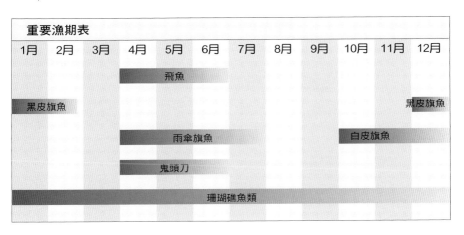

重要漁期表

1月	2月	3月	4月	5月	6月	7月	8月	9月	10月	11月	12月
			飛魚								
黑皮旗魚											黑皮旗魚
			雨傘旗魚						白皮旗魚		
			鬼頭刀								
			珊瑚礁魚類								

15常見的捕魚法

在恆春半島，以機動式漁筏的數量最為龐大，通常用在「深海一支釣」及「曳繩釣」的作業上。作業漁船則以鏢旗魚漁船居多，除了「鏢旗魚」外，同時也經營「深海一支釣」、「延繩釣」及「曳繩釣」……等漁法，以增加漁獲種類及數量。在飛魚季期間，也會改以「追逐網」捕捉飛魚。此外，在萬里桐的海面上還架有「定置漁網」，用以攔截路過的魚隻。

以下就來介紹恆春半島上常見的捕魚法：

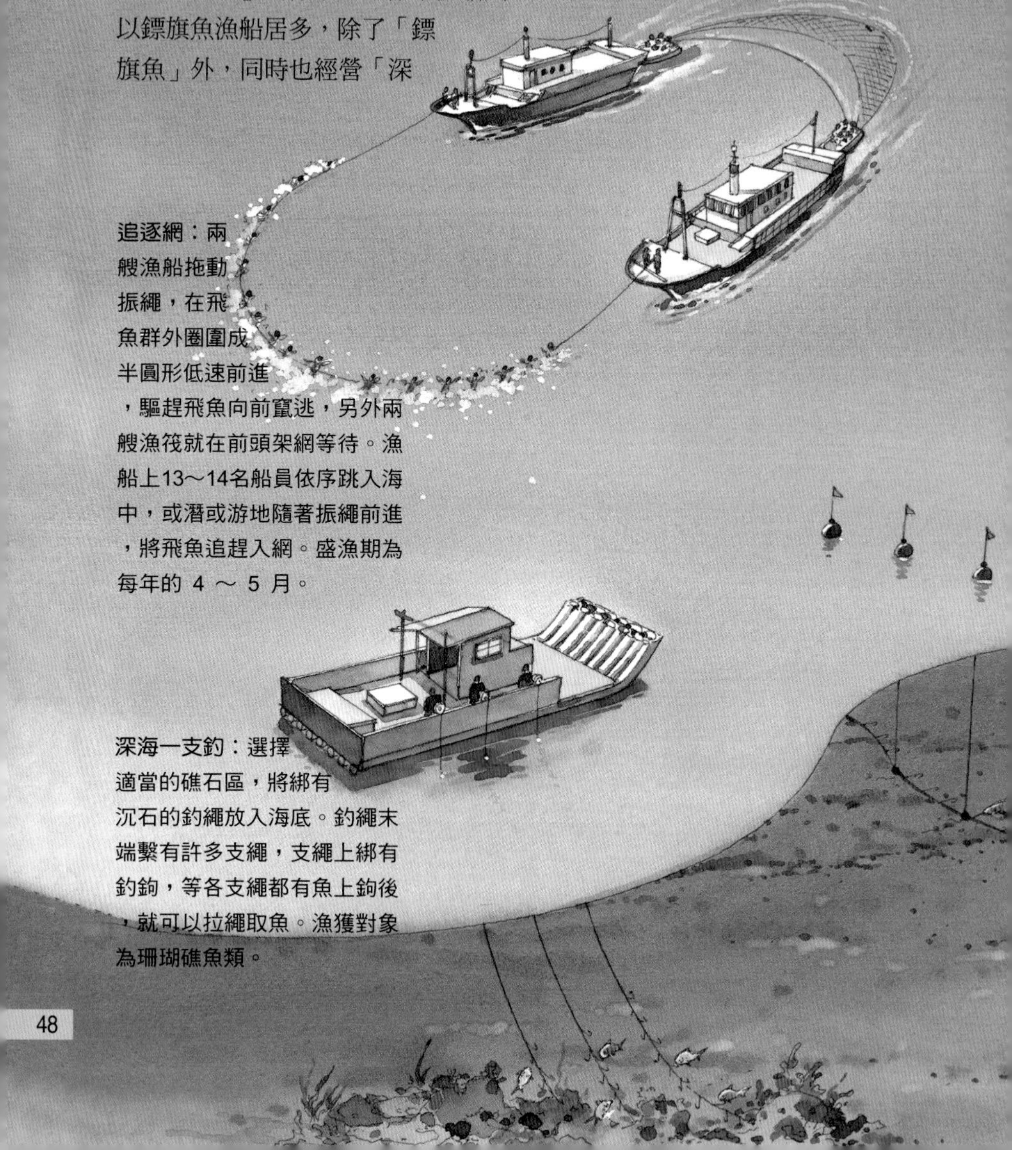

追逐網：兩艘漁船拖動振繩，在飛魚群外圈圍成半圓形低速前進，驅趕飛魚向前竄逃，另外兩艘漁筏就在前頭架網等待。漁船上13～14名船員依序跳入海中，或潛或游地隨著振繩前進，將飛魚追趕入網。盛漁期為每年的 4 ～ 5 月。

深海一支釣：選擇適當的礁石區，將綁有沉石的釣繩放入海底。釣繩末端繫有許多支繩，支繩上綁有釣鉤，等各支繩都有魚上鉤後，就可以拉繩取魚。漁獲對象為珊瑚礁魚類。

曳繩釣：利用小魚作餌，以固定時速將釣線拖曳於海面上，引誘掠食性的表層洄游性魚類追餌，繼而上鉤。漁獲對象有旗魚、鰹魚、鬼頭刀……等。

定置漁網：架設在魚類的洄遊路線上。當洄游魚群遇到網片時，會本能地躲開漁網並朝向較深的海域游去，然後就游入定置漁網中。每日上午7時及下午3時左右，漁民再行筏到海上撈捕陷在網內的魚隻。漁獲對象有土托、四破……等

鏢旗魚：漁民站在船首的鏢台上鏢射浮游於海面上的旗魚，中鏢的旗魚會拖著綁有繩索的鏢銛沉下海底逃竄，漁民只需收放繩索並尾隨其後，直到旗魚精疲力竭，就可拉回船上。除了旗魚，鯊魚也是重要的漁獲對象。

延繩釣：利用浮標及浮標繩將幹繩懸掛在海中，幹繩上繫有釣繩，用以垂釣任何游近的魚類。釣繩間距因漁獲對象的體積而調整，深度視魚類棲地而定，可以捕獲表層浮游的鮪魚、拉崙……等，也可以釣底棲的魚類。

16 唱一曲恆春調

恆春半島早期除了山路小徑，幾乎可算是蠻荒之地。地理位置上的與「世」隔絕，讓許多翻山越嶺移民至此開墾的福佬人、客家人，飽受思鄉之苦，加上地力貧瘠和落山風的肆虐，謀生不易，於是照著依稀記得的家鄉小調，隨口哼出了生活中的無奈與辛酸。

歌謠的源頭：恆春調中，最為人知的要屬「思想起」、「五孔小調」、「四季春」、「平埔調」、「牛尾絆」等。這些曲調隨著族群的融和，不知不覺中相互影響，彼此為舊調加入了新的元素。

歌謠的特色：「思想起」主要是以一種曲調做為骨幹，任由演唱者即興創作歌詞，再隨著語韻自由改變高低音，甚或延長、縮短，可以用來勸世、寫景、詠物、敘事、言情。

「五孔小調」的「五孔」，有言指的是月琴的孔；另有說法則認為，「五孔小調」雖然每段僅有四句歌詞，但第四句末了必又重複一次，儼然有五句歌詞，因此得名。曲調哀怨，喜

以一年的十二個月令，做為故事的起承轉合。常用以表現苦悶、自憐之情。

「四季春」的曲調結構簡單，演唱時，除了基本的曲調之外，歌者可隨著歌詞的聲調需要，隨意轉變旋律，因此個個唱法都不同，甚至還出現區域上的差異，每個鄉鎮各有其「發聲」的特色。

「平埔調」，是一種吟誦式的曲調，歌者可即興填詞演唱，屬於山歌性格。同樣的曲調，後人多次改編，留下著名的歌仔戲曲「三聲無奈」，以及流行歌曲的「青蚵仔嫂」等膾炙人口的歌曲。

「牛尾絆」，據說是恆春調中最古老的歌謠，中低音反覆吟唱，適合奉勸、勉勵的情境，最常用於叮嚀、祝福新婚的新郎與新娘。

恆春調最大的特色，就是歌者都會配合著一把月琴，自彈自唱或者由人伴奏著，過去一位人稱「紅目達仔」的陳達，就這樣將恆春調唱遍了全台灣，直至1981年因車禍不幸去世。

一探究竟 **聽恆春歌謠的地方**
- 車城福安宮（⇨P57）
- 關山高山巖（⇨P72）

恆春半島歌謠比賽

恆春地區至今每年仍會舉辦「民謠歌唱比賽」，除了傳承的意義之外，也希望藉由活動推廣恆春民謠之美。

各個民謠歌唱比賽均在中秋節或假日前後舉行，其中規模最大、名氣最響的分別在車城福安宮，及關山的高山巖兩地。

車城地區

導覽篇1

車城地區
是進出恆春半島的門戶。
在碧海與青山之間,
四重溪溫泉鄉蒸騰著熱氣;
從聳立的石門峽谷,
傳來古戰場的殺伐聲;
福安宮土地公廟前,
人人競唱「思想起」……

車城地區的故事

車城地區包括了車城、四重溪以及石門，位於四重溪的沖積平原之上，是中央山脈進入恆春縱谷的重要出口，自古即是農產、山產與林木的集散地，也是由台26號省道出入恆春半島的門戶。

石門峽谷

歷史背景：明鄭時期，鄭成功於車城地區屯田駐兵，創漢人在恆春半島開墾之先，留下「統埔」地名紀錄著這段經過。清時，日本人於此嘗試侵台的野心，與原住民交戰石門，留下血跡斑斑的遺址，至今，統埔的「琉球五十四藩民墓」仍有日本人年年前來憑弔。日治之後，車城地區的美麗風光及四重溪溫泉，則吸引日本皇室也親臨體驗。

重要景點：在恬靜無華的車城地區，宛如斗笠的尖山，一直被視為恆春半島的地標，而在看見尖山的同時，也遠眺到了恆春半島高山─縱谷─台地的地形景觀；車城的福安宮則是規模傲視全台的土地公廟，黃袍加身的土地公堪稱一奇，每年中秋節前後舉辦的恆春歌謠比賽，更是親炙恆春地方特色不容錯過的機會；除外，四重溪可以享受到「皇家級」泡湯經驗，以及漫步山城溫泉街的閒適；再深入山裡，便見險峻的石門天險，這裡是當年原住民奮勇抵抗日軍的地點，目前附近分別聳立著兩座新、舊紀念碑，為這歷史的一頁做上標記。

東北季風的禮物：車城地區是恆春半島感受落山風的開始，一路從楓港到車城左側高聳的里龍山脈，阻擋了由東側吹襲而來的東北季風，但從本區山勢陡降，因而無法抵擋，東北季風就此吹向恆春縱谷，是為「落山風」。強勁的落山風使得洋蔥的向上的生長受到抑制，於是球莖更加肥厚，使得車城地區成為台灣最大的洋蔥種植區。春天來到車城地區，不論公路一旁或者洋蔥田裡，總可以看見成串成列的洋蔥猶如黃金球一般奪目，儼然當地另一番特殊的景觀，引人駐足留連。

琉球五十四藩民墓

洋蔥田

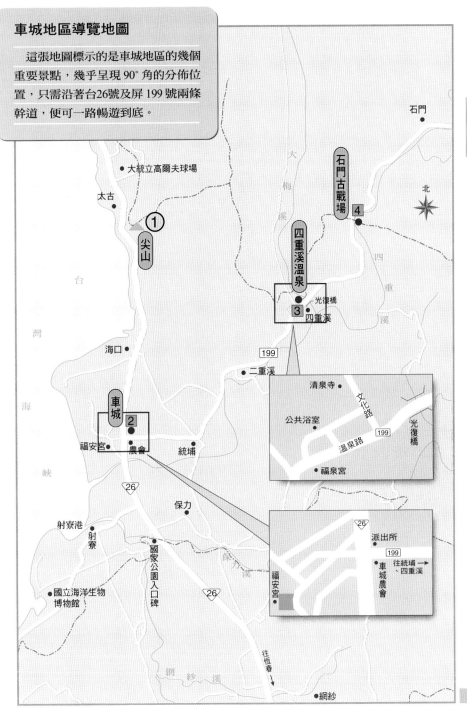

車城地區導覽地圖

　　這張地圖標示的是車城地區的幾個重要景點，幾乎呈現90°角的分佈位置，只需沿著台26號及屏199號兩條幹道，便可一路暢遊到底。

石門

北

石門古戰場

④

大統立高爾夫球場

太古

①

尖山

四重溪溫泉

四重溪

大梅溪

四重溪

台灣海峽

海口

199

二重溪

清泉寺

文化路

公共浴室

溫泉路

199

光復橋

光復橋

④

③

車城

②

福安宮

農會

統埔

福泉宮

26

保力

26

射寮港

射寮

派出所

199

往統埔→、四重溪

車城農會

國家公園入口碑

福安宮

保力溪

國立海洋生物博物館

往恆春↓

網紗溪

網紗

1 尖山

沿著一路平直的台26號省道向南直下枋山後，公路便在山海之間迂迴而行，過了楓港左側是高聳蒼綠的里龍山區，右側是蔚藍的海洋。不久，在公路的正前方出現了一個狀似斗笠的三角錐形小山丘，這就是「尖山」，又有人稱它「斗笠山」。「恆春半島」

之旅，就要從這裡展開了……。

早年恆春地區交通不便，據說來此墾荒落戶的住民若有親友來訪，必在此迎候，送客時，更是一路相送至此揮別，因此，尖山不但是地理上進入恆春半島的起點，也是精神上進入恆春半島的門戶。從這裡可以遠眺整個恆春半島地形，路過此地不妨駐足片刻。

外來岩塊： 尖山事實上也屬於中央山脈，只是它是一個「獨立岩塊」，整座山是由玄武岩類的火山角礫岩所

尖山是火山角礫岩構成的「獨立岩塊」

從台26號公路遠眺恆春半島高山─谷地─台地的地形景觀

中央山脈　尖山　恆春縱谷　恆春西台地

構成，經長年風化，外表已顯露出紅色的土壤。（形成⇨P.72）

遠眺恆春半島地形：站在尖山旁的台26號省道向南眺望，可以清楚的看到橫斷恆春半島東西方向特殊的地形景觀。

右側（西側）面海的是，近乎呈直角向海陸落而下的山區，這就是「恆春西台地」，過去是瓊麻的主要種植區，現在則任其荒廢。

恆春西台地較為平緩的另一面，則與一平坦寬廣的河谷相接，這片谷地就是「恆春縱谷」，內有恆春半島主要的城鎮與聚落，例如恆春鎮、車城鄉等都是在這一帶發展起來的。這裡不但是恆春半島的人文中心，同時也是稻米、蔬果等農產品的最佳產地，人口最為集中的區域。

縱谷的東側，緊接著高起的「中央山脈」餘脈，峰峰相連，其中蘊藏著豐富的自然生態。正是中央山脈──恆春縱谷──恆春西台地，一連串的地形變化，構成眼前這幅高山──谷地──台地相連的地形景觀。

恆春半島的北界

由北往南而下，到底是從何處才算是進入恆春半島呢？以下就精神象徵、氣象方面和生物地理分界上來看……

①**精神象徵──尖山：**在一般人的印象中，尖山是恆春半島的地標。行駛在平直的台26號公路上，當這座有如斗笠的山頭出現眼前，大家的反應大都會是或想或喊：恆春到了。「以尖山為界」開始進入恆春半島，儼然就是一項約定俗成的事實。

②**東北季風門檻──枋山溪：**氣象專家喜歡以「枋山溪」做為進入恆春半島的門檻，因為飽含水氣的東北季風一路受到中央山脈的阻擾，爬升不過來，一直到枋山溪一帶，由於山脈高度降低，東北季風才在這裡找到了出口，於是翻越過來，形成又乾又強的「落山風」，成為恆春半島最有名的標記。在冬天，由高雄方向過來的話，感覺特別明顯，一路相隨的霾氣，過枋山溪後，漸漸飄散至海面去，天空由原來的陰灰變得清朗，隱隱約約透露出湛藍，展現全然一新的南國氣息。

③**地理分界──楓港溪：**從動、植物地理分界來看，「楓港溪」也是恆春半島的另一個界線。根據調查，例如白頭翁及烏頭翁的分布情形，以楓港溪為界便顯得特別的分明，楓港溪以北幾乎是白頭翁的天下，而楓港溪以南則是烏頭翁的主要棲地。

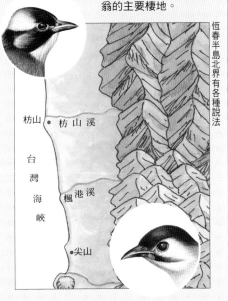

恆春半島北界有各種說法

2 車城

屏東縣恆春鎮車城鄉

過了尖山，繼續沿著台26號省道，便來到四重溪河口沖積平原上的鄉鎮——車城鄉。

車城是出入恆春半島各觀光景點的必經之地，但可別只是匆匆路過，車城本身獨特、濃厚的人文特色與景觀，還是值得仔細體味，其中洋蔥、恆春民謠尤其堪稱恆春半島的象徵。

地名的由來：車城是屏東縣開發最早的地方，恆春開發初期，在此墾地的居民曾以牛車圍城防禦原住民的突擊，便稱此地為「車城」。鄭成功時代即屯田駐兵於此。車城又名「柴城」，據說因為清乾隆年間，駐兵在此圍木柵為城廓，當地人因此將這裡稱為「柴城」。

產業集散地：車城位在四重溪堆積形成的沖積平原之上。由於位於四重溪旁，成為由中央山脈進入谷地的重要門戶，因此，也是農產、山產或林木的重要集散地。

冬天到恆春半島，車城是感受到落山風的起點——一路高聳的中央山脈，阻擋了由東北側吹襲而來的東北季風，但到了楓港、車城一帶，由於山脈高度降至1000公尺左右，東北季風便越山而過，由此吹向恆春縱谷，這就是恆春半島每逢冬季特有的「落山風」。

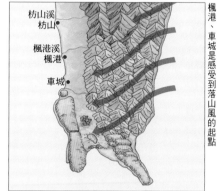

楓港、車城是感受到落山風的起點

最大的洋蔥種植區：每年九、十月間，落山風初起，車城蔥農就開始播種育苗，強烈的落山風抑制了洋蔥地下球莖向上生長，於是長得更加結實而渾圓，味道也更濃。此外，落山風吹乾了空氣中的水份，減少了因露水而引起的「露菌」病害，所以此地的洋蔥不但肉質厚，且品質特佳，正是農業利用風力資源生產的最佳範例。

車城為台灣最大的洋蔥種植區，春天，正值洋蔥採收時節，最適合觀察蔥農的採收過程——先把洋蔥連根帶莖拔出，再利用剪刀把莖葉剪去。蔥田裡，新出土的洋蔥如黃金球般成行成列，美不勝收。

此外，還可前往「車城農會」，看

遴選分類洋蔥的場景——利用選別機依球莖的大小，分出 5 種等級。經過分類後的洋蔥，不但供應國內市場，還外銷世界各國，特別是日本。農會四樓的「洋蔥文化館」，則透過各種展示，詳細說明了洋蔥的歷史和各種可口的食譜。

恆春歌謠比賽：每年農曆八月十五日福德正神誕辰，為車城地方一年一度的盛事，除了祭神之外，還會在「福安宮」廟前舉辦恆春歌謠比賽。每至此時，居民們莫不熱烈參與，使出渾身解數，盛況空前。

福安宮：位在車城西端的福安宮，

福安宮是全台規模最大的土地公廟

是全省罕見的巨型土地公廟。金碧輝煌的外觀，令人嘆服；除外，廟內大廳所供奉的土地公神像身著龍袍，和各地員外扮相的土地公截然不同，堪稱一絕。據廟方表示，龍袍是清乾隆皇帝所賜。

其次，在廟裡還有許多的史蹟、古匾，值得參觀，例如：正殿右側壁上，清同治時代劉明燈經過此地的勒石「劉提督碑」；左壁一塊字跡模糊的勒石，則傳說為乾隆時期兩廣總督福安康率兵駐紮此地，所留下來的。

劉提督碑

三百多年來，福安宮幾乎可說是車城的地標，也是車城人信仰及聚會的中心，香火鼎盛。逢農曆八月十五日福德正神誕辰，善男信女成群結隊前來祭拜，順便欣賞或參與歌謠比賽，更是車城人每年必行的儀式之一。

3 四重溪溫泉

車城鄉溫泉村文化路

離開車城，由鄉農會前的十字路口轉東，沿著往牡丹方向的屏 199 號縣道前行，來到了四重溪。

放眼望去，小小的街道上新舊房舍雜陳，河谷兩邊間或點綴著依山而築的旅館，使得這個僻靜的地方處處流露溫泉鄉的印象，特別適合散步與蹓躂。而不管是豪華的泡湯池，還是經濟的公共浴室，沈浸在四重溪上等水質的溫泉裡，同樣都是至高無上的享

受令人神清氣爽。

四大溫泉之一：日治時代，四重溪與關仔嶺、陽明山、北投，同列台灣四大溫泉。四重溪的溫泉湧自山麓，是富含碳酸氫鈉成份的鹼性泉，無色、無味、透明。除了促進血液循環之外，對風溼、皮膚過敏也有療效，更因水質清澈可以飲用，據說是治療慢性消化疾病的一帖良藥。

日本親王的蜜月浴池：在四重溪不乏歷史悠久的溫泉旅館，而其中又以建於1920年左右的「清泉山莊」最為著名。日本昭和時期，天皇弟弟曾與新婚妻子抵台旅行，一度來到四重溪，清泉山莊為這對夫妻特別興建了專

清泉山莊今日光鮮的門面

清泉山莊昔日的外貌

門的洋房、溫泉浴池，就在現在的位址。整座浴池由檜木及大理石打造而成，簡樸卻不失優雅，目前已開放給一般民眾使用，大家不妨也嘗試一下親王級的款待。

公共浴池：走下清泉山莊，右轉幾步，會看到一處公共浴室：「四重溪溫泉浴室」。浴室分「男室」及「女室」，一天二十四小時，完全免費開放給民眾使用。因為有此公共浴池，附近許多人家長年以來都不購置熱水器，一家大小喜歡在這裡沐浴、泡澡，或者利用機車前來將溫泉裝桶載回去享用。

四重溪溫泉的形成

台灣的溫泉大多分佈於火山帶，不過四重溪溫泉卻與火山完全無關。四重溪溫泉泉水不含硫磺質，屬於富含石灰質的「碳酸質溫泉」。為什麼這裡會形成這種溫泉？原因如下：

溫度便會升高攝氏30度，所以地下水一旦流入地底深處，就會被加熱而變成熱水。

②溶入石灰質：由於四重溪一帶的地底岩層含豐富的「石灰質」，熱水流經這些岩層，便會溶入大量石灰質，形成碳酸質熱水。

③沿斷層湧升：由於這一帶有斷層經過，地層斷裂處為地下水提供了往上湧升的通道，碳酸質熱水冒出地表，便形成溫泉。

①地下水變熱水：由於地底平均每深1公里，

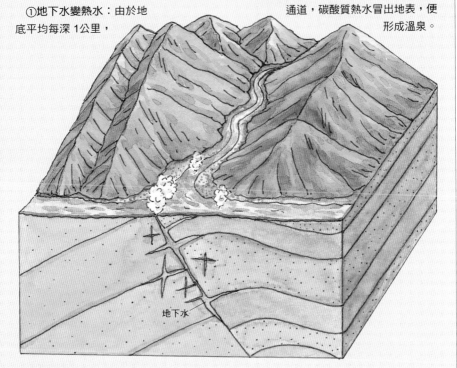

地下水

4 石門古戰場

●石門古戰場

199

四重溪

四重溪溫泉●

前往石門古戰場的屏 199 號縣道，夾在兩山高聳的岩壁之間。空曠、荒涼的峽谷，只有強勁的落山風呼嘯而過。當險峻的「石門天險」逼入眼簾，肅煞的氣氛令人彷彿回到百年前原住民與日軍爭戰的現場。

就在入口附近，394 階石梯下方，豎立著一個石碑，上寫著「石門古戰場碑誌」，記述了此地發生於清同治

年間的「石門之役」，可讓遊客明瞭整個事件的梗概。山丘上是眺望的極佳地點，可以看到石門村、四重溪谷地中，農田與房舍交織著祥和的風光，而著名的石門天險更是一覽無遺。

憑弔紀念碑：山頂有兩座石碑，一簇新巍巍聳立，一斑駁陳舊，同樣為著將「牡丹社事件」揭示給後代子孫。由當年日軍統帥西鄉從道所立的舊碑，曾經於此為日軍張揚軍威許久，儘管它業已不見字跡，整個石碑也僅剩下基座，但由它的原名「忠魂碑」仍可讀出端倪。而光復以後才建的新碑，以花崗岩為材，上題「澄清海宇，還我河山」，則紀念著當時與日軍奮勇作戰的原住民。

石門峽谷的險峻為它贏得「天險」的稱號

1 重返古戰場

「牡丹社事件」被認為是日本顯露侵台野心的開始，至今在恆春半島仍留有多處戰場遺跡，不妨來個「古戰場之旅」，循著事件發生的經過，了解這個轟轟烈烈的歷史故事——

①漂流八瑤灣：清同治10年（1871），琉球宮居民共69人，在進貢琉球王的回航中遭遇逆風，漂流到恆春東海岸九棚附近的「八瑤灣口」，船到岸前因觸礁沈沒，3人淹死，54人被牡丹社原住民殺死，其餘12人被救。當時由於琉球國仍對清廷進貢，所以日本不敢有所造次，但經過明治維新，國力日漸茁壯後，便以琉球為其藩鎮，展開報復行動。

②石門之役：1874年5月，日軍由西鄉從道中將率領，在車城鄉射寮村登陸。其中一支由山谷進攻，另一支200多名軍人，由一名車城人做為嚮導，自山後圍擊，兵分二路，在石門和原住民展開激戰。初時，原住民居

高臨下，仗著石門天險抵擋日軍，無奈在遭遇另一路日軍由石門後方上山的襲擊後，原住民腹背受敵，終而戰敗。雙方交戰的陣地就是今日的「石門古戰場」。

③牡丹社事件：石門棄守，日軍揮刀進入牡丹村遍殺人畜，一片哭聲震野。但事件發生時正值6月，日軍不僅為長期的戰事感到疲憊不堪，台灣潮溼的氣候，更讓他們嚴重水土不服，造成瘧疾蔓延，約半年後撤退時，3000多名官兵只剩520餘人，多半為病死。

④統埔琉球五十四藩民墓：由屏199縣道一進統埔，便可看見右邊的路旁豎立一牌子，上寫著「前150公尺，琉球藩民事蹟」等字樣，沿著荒草蔓延的小徑，便會來到「琉球五十四藩民墓」。這是當年琉球居民54人在恆春東岸罹難之後，日人委託清廷拾具衣冠遺物掩埋立碑的所在。

⑤建恆春城：牡丹社事件後，清廷體會到外力威脅的嚴重，明瞭東南海防的重要，採沈葆楨主張在瑯嶠設縣築城，並改名為「恆春城」，當時的恆春城包括現今的恆春、車城、墾丁，以及台東卑南一帶。恆春城現仍留有4座城門和部份城牆，被列為二級古蹟。（⇨P.103）

2 遠眺石門天險

石門新石碑背對的石門天險，是由虯母山與四重溪山斷崖面面相對而成。當年原住民便是利用它力克日軍，而引發了史上有名的「石門之役」。

「石門天險」為位於四重溪中下游的一個Ｖ字形峽谷，是清代從東部至恆春沿四重溪而下的必經之路，從峽谷地形來看真可謂是一夫當關、萬夫莫敵的天險。

事實上，沿著峽谷的河谷觀察，寬廣的河谷兩岸並沒有陡峭的岩壁。為什麼獨獨在石門這裡會形成這麼一個「易守難攻」的峽谷地形呢？

但再靠近峽谷的岩壁仔細察看，便發現岩壁的岩石是由非常堅硬的礫岩所構成，而上下游的岩層則是由鬆軟頁岩與砂岩所構成，於是峽谷的成因便有跡可循……。

石門峽谷的形成

大約1000萬年前，有許多陸上的礫石和沙泥，被搬運至深海海底，堆積出沖積扇。這些深海岩層在100萬年前因地殼抬升作用而被推擠、磨碎，漸漸的形成巨大的「礫岩岩塊」和「泥岩」。

①礫岩岩塊露出海面：礫岩岩塊最後被拱出海面，形成山脈的一部份。同時，雨水匯聚成四重溪，開始侵蝕山脈。

②形成河谷：四重溪將較鬆軟的泥岩層侵蝕掉，於是出現寬闊平坦的河谷，同時四重溪也切穿礫岩岩塊，形成河谷地形。

③切割出峽谷：四重溪繼續向下切割礫岩岩塊，但礫岩相當堅硬，不易被侵蝕，於是形成狹窄的峽谷。

礫岩岩塊形成的石門峽谷

西海岸地區

導覽篇2

西海岸空曠、靜謐的鄉村景緻，
讓人逐漸放鬆心情⋯⋯
曾經繁華一時的瓊麻工業，
遠近馳名的海洋生物博物館，
最富盛名的關山夕照，
以賞冬候鳥聞名的龍鑾潭，
奇特的海蝕地形與熱鬧的漁港⋯⋯
每一個景點都是獨特、全然不同的體驗，
值得細細品嚐、慢慢回味⋯⋯

西海岸地區的故事

屏鵝公路在保力村接上西海岸景觀道路，從這裡開始，屏鵝公路以西即為「西海岸地區」——包括恆春西台地、恆春縱谷及西部沿海。

西台地盤亙於恆春縱谷與西部沿海之間，西海岸景觀道路就從西台地北端，開始蜿蜒於西台地陡峭的西側斷崖下，連接沿海的村落。西台地東側的恆春縱谷地勢平坦，是半島上面積最大的平原。

歷史背景：相傳，明鄭時期，鄭氏軍隊的兵丁及屯戶在車城灣登陸，旋即在附近開屯，並逐漸往南推進。同治年間，瑯橋以西的土地都已被開發，沿海、平原一帶的聚落逐一出現。沿岸的村落，以來自澎湖、小琉球的漁民居多，由於澎湖生活艱苦，因此他們攜家帶眷來到此地，以遍地的砝砧石（珊瑚礁石）或山石為建材，建設家園，以務農、捕魚為生。

瓊麻歲月：日治時期引進的瓊麻，在光復後曾經帶來豐盈的收入，當時貧瘠的土地上處處種滿瓊麻。瓊麻工業沒落後，就只有在「瓊麻工業歷史展示區」可以看到過去的那段歷史。原本遍山遍野的瓊麻，則是逐漸被同是外來的銀合歡給取代，這一場外來植物的土地爭奪戰，在寧靜的西海岸地區看得最真切。

重要景點：關山上的高山巖寺是附近村落非常重要的信仰中心，「關山夕照」是清代有名的恆春八景之一，落日餘暉的景緻依舊是萬人矚目的焦點。以「龍潭秋影」同列恆春八景的龍鑾潭，現在則是觀賞候鳥的絕佳據點。當初西鄉從道率領日軍登陸的射寮海岸，現在是「國立海洋生物博物館」所在地。沿海漁民依舊依海為生，不妨到後壁湖漁港欣賞漁船歸航，順道帶些海鮮回家。

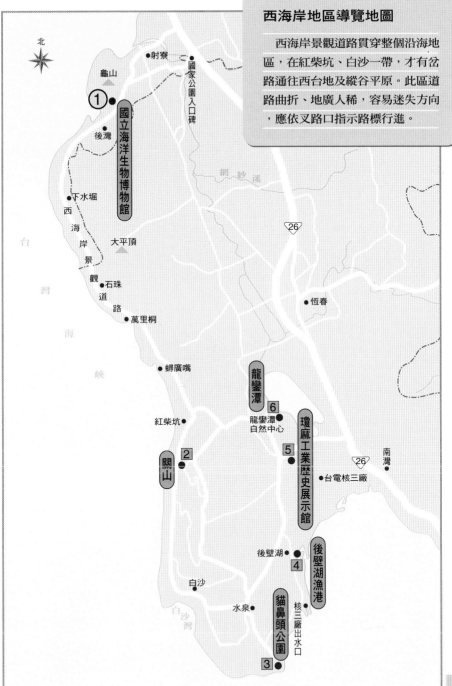

西海岸地區導覽地圖

　　西海岸景觀道路貫穿整個沿海地區，在紅柴坑、白沙一帶，才有岔路通往西台地及縱谷平原。此區道路曲折、地廣人稀，容易迷失方向，應依叉路口指示路標行進。

北

龜山▲

①　射寮●

國家公園入口碑

國立海洋生物博物館

後灣●

網紗溪

下水堀●

西海岸景觀道路

大平頂▲

石珠●

台灣海峽

萬里桐●

蟳廣嘴●

恆春●

26

龍鑾潭

紅柴坑●

龍鑾潭自然中心●

6

瓊麻工業歷史展示館

關山

2

5

台電核三廠●

26

南灣●

後壁湖●

後壁湖漁港

4

白沙●

水泉●

貓鼻頭公園

核三廠出水口

3

1 國立海洋生物博物館

車城鄉後灣村後灣路2號

車城

199

台灣海峽

26

射寮 ● 墾丁國家公園入口牌

龜山

● 國立海洋生物博物館

過車城鎮後，在26號省道西岔西海岸景觀道路不多時，就到達龜山腳下的海洋生物博物館（簡稱海生館）。

瀕臨海洋的海生館，與山水同色的外形相當和諧地融在自然環境中；館內有豐富的水中生物展示，具體的展現台灣的水域生態環境。想初步瞭解台灣的各種水域生態，這裡是最佳的起點。

別急著驅車前往墾丁，順勢轉入海生館吧，錯過可是會遺憾的喔！

展覽大型魚類的大洋地

西鄉從道登陸紀念碑

西鄉從道登陸紀念碑座落在海生館的停車場旁，是日治時期日本人為了紀念「牡丹社事件」（⇨P.61），日將西鄉從道領軍在射寮海岸登陸所建。戰後，碑上的文字已被當地居民挖除而模糊不清。碑石依舊矗立著，孤寂的景色與熱鬧的海生館形成強烈對比。

除了豐富的展示內容，海生館在學術研究上亦扮演著重要的角色，並朝著成為全球數一數二的海洋生物研究機構而努力；甚至在鯨豚、魚類及珊瑚的救援工作方面，海生館也早在籌備期間就已在進行。

海生館竣工後，先行開放「台灣水域館」供民眾參觀，「珊瑚王國館」及「世界水域館」也將陸續完成。

台灣水域館：展示台灣的各種水域生態及生活其間的生物。從入口的瀑布、溪流、大河……一直到大洋池，仿自真實的台灣水域，完整詮釋涓涓細流匯集成汪洋大海的過程及其中各具特色的生物。

珊瑚王國館：有全亞洲最大的海底隧道（長84公尺），讓遊客在透明隧道中體驗炫麗繽紛的珊瑚世界。

世界水域館：利用最新的電腦科技，以虛擬實境的方式介紹全球的海洋生態。

入館辦法，請洽海生館。（☎⇨P.268）

2 關山

台灣海峽

往海洋生物博物館

龍鑾潭

紅柴坑

墾龍潭自然中心

關山　高山巖

瓊麻工業歷史展示區

要綜觀整個恆春地區的地勢，關山是絕佳展望點！

到關山，最好是選近黃昏時刻，順著步道來到觀景台，往西北方遠眺，可一眼望見西海岸隆起珊瑚礁、傾斜的西台地、狹長的縱谷、連綿的中央山脈，還有一座座獨立山頭的「外來岩塊」。

步道盡頭是香火鼎盛的高山巖寺。由寺前平台往下俯瞰，恆春縱谷盡入眼底，龍鑾潭像顆明珠般的鑲嵌在縱谷裡。遠方山頭的外來岩塊一字排開，這裡同時是認識外來岩塊的最佳場所。

最後，再繞回觀景台，好整以暇的欣賞夕陽緩緩落海、消失……，變幻絢爛的天色。難怪「關山夕照」自古便是恆春半島重要的一景。

關山夕陽美景

從空中俯瞰的恆春西台地

1 綜觀恆春縱谷地形

關山是恆春西台地南端最高點，站在觀景台，整個地勢一覽無遺，是半島上極佳的展望點。

觀景台是墾丁國家公園利用廢棄的砲台擴建而成，由此往西北方眺望，首先入目的是西海岸的「隆起珊瑚礁」以及位在其上的3個小漁村，視線最後被「西台地」的北段擋住，它的最高點是「大平頂」，視線再順著緩斜面而下，「恆春縱谷」明顯夾處在西台地和連綿的中央山脈間。

再到高山巖往東望，恆春縱谷南段就在腳下，中央山脈和「外來岩塊」則是逼近眼前。

不妨對照著下圖一一辨讀——

①西海岸隆起珊瑚礁：西海岸幾乎

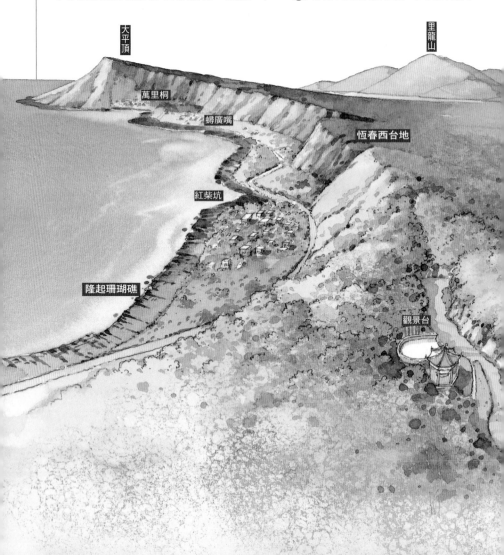

都是由隆起珊瑚礁所組成（形成 ▷P.
81），形成一地勢平坦的海階，西海
岸的漁村就是墾闢在這面海階之上。
隆起珊瑚礁平緩的向西延伸入海後，
接踵而至的是絢麗的海底珊瑚世界，
萬里桐、大平頂附近的海域可以浮潛
觀賞。

②**漁村：**由北而南、依序座落的是
萬里桐、蟳廣嘴及紅柴坑 3 個漁村。

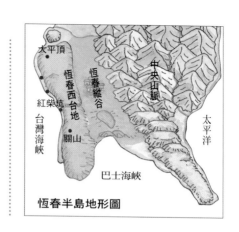

恆春半島地形圖

虎頭山　三台山　老佛山　門馬羅山　大山山母山　大尖石山

恆春

龍鑾潭

恆春縱谷

高山巖

離岸不遠海上，隱隱可以看到漁民營以為生的「定置漁網」（▷P.48）。

萬里桐，由於遠離人口聚集的車城等聚落，因此稱之為「萬里」，而「桐」指的可能是早年這裡遍佈的「刺桐」。蟳廣嘴，顧名思義，就是港灣形狀有如張開的蟹螯。紅柴坑，意指這裡是早年遍佈海岸植物「紅柴」（▷圖鑑P.35）的低窪地。

近年來，由於觀光飯店進駐漁村，不但改變了海岸生態環境，單純的漁

紅柴坑漁村

村景緻也逐漸改變。

③**恆春西台地**：整個是一大塊珊瑚礁，形狀非常特別——向海的一面是垂直抖落的陡峭地勢，另一邊卻極緩的接上縱谷。西台地北起龜山，南到貓鼻頭，北段的最高點是大平頂，高188公尺，南段的最高點就是現在所站的關山，高152公尺。

④**高山巖**：寺中奉祀著福德正神，是附近村落的崇祀中心。相傳這裡是乾隆年間恆春居民所發現的天然廟宇。現在雖已改建成大廟，但仍可看出整個寺廟是背倚珊瑚礁而建的。附近

廟側的珊瑚礁岩洞內供奉十八羅漢

爬滿山豬茄植物、被當成靈龜供拜的「福靈龜」，也是一塊珊瑚礁。每年中秋，這裡會舉辦一年一度恆春民謠歌唱比賽。中秋時來此，可以一面欣賞縱谷中萬家燈火的夜景，一面聆聽流傳百年的恆春調。

⑤**恆春縱谷**：夾在中央山脈與西台地之間，地勢低平，是當地的政經中心。恆春（↷P.103）就座落縱谷的北段，位於南段的湖泊便是水鳥最愛的「龍鑾潭」（↷P.98）。

⑥**中央山脈**：這裡可說是中央山脈的餘脈，盡是低山和台地，海拔最高的里龍山只有1062公尺。

⑦**外來岩塊**：在連綿的中央山脈邊緣，矗立著一座座獨立的山塊，由北而南一字排開──「虎頭山」、「三台山」、「門馬羅山」、「大山母山」、「大尖石山」、「大圓山」以及「青蛙石」。

和中央山脈的連綿相比，這些山頭顯得相當突出，彷若從外地飛落而來的巨大岩塊，所以有人稱它們為「外來岩塊」，是世界罕見的地質奇觀！

從關山眺望大尖石山

從高山巖眺望的恆春縱谷

外來岩塊的形成

「外來岩塊」源自於數百里外的深海海底，在板塊不斷推擠之下被搬運到恆春半島上，然後再經侵蝕差異而形成，以下就來介紹外來岩塊的形成過程——

①深海堆積沉積物：大約在1000萬年前，中央山脈直深入海，恆春半島還沒露出海面，大量的礫石在台灣東部深海海底堆積，形成深海沖積扇。

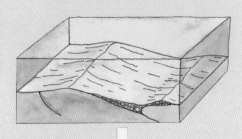

②板塊擠壓：從數百萬年前開始，菲律賓海板塊和歐亞大陸板塊互相推擠，將沉積物及板塊刮磨出許多巨大的堅硬岩塊，並磨碎出大量的細泥形成鬆軟的泥岩。

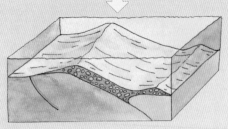

③露出海平面：隨著菲律賓海板塊的擠壓，這些泥岩向西遷移了數百公里。 100萬年前，板塊持續的擠壓終於將泥岩擠出海面平，形成中央山脈南段。

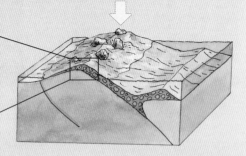

④露出岩峰：露出地表的岩層受到風化作用的侵蝕，岩質鬆軟的泥岩被侵蝕不見，不易被侵蝕的巨大岩塊於是露出，最後形成一座座獨立的「外來岩塊」。

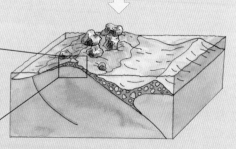

西台地的形成

半島的東側是「中央山脈」的餘脈，西側是「恆春西台地」，夾在中間的則是狹長的恆春縱谷。

當海底的板塊推擠著中央山脈南段躍出海面之後，西側的淺海接著開始了另一項造陸工程——

①圍出潟湖與珊瑚礁：數十萬年前，中央山脈的南段開始露出海面，西側仍是一片淺海，生長其間的珊瑚開始堆積「珊瑚礁」。由於菲律賓海板塊的向西擠壓，中央山脈逐漸向西移動，使得西側外海的礁岩冒出海面，形成半封閉的「潟湖」。

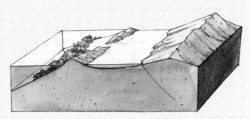

②堆積成沖積平原：中央山脈持續的重壓使得潟湖逐漸凹陷，四重溪、網紗溪、保力溪從中央山脈搬運下大量泥沙，逐漸堆積潟湖。久而久之，潟湖被填滿變成「沖積平原」，潟湖外圍的珊瑚礁則是繼續生長。

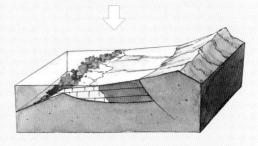

③翹起形成西台地：約10萬年前，強大的力量使得中央山脈順著斷層衝疊至沖積平原之上，猶如蹺蹺板一般，東側的珊瑚礁蹺起形成「恆春西台地」，受山脈重壓的沖積平原陷落形成「恆春縱谷」。

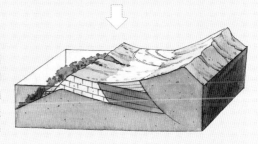

④珊瑚礁冒出海面：在板塊持續不停的擠壓之下，西台地西側的海岸也跟著漸漸隆起，原本堆積於淺海的珊瑚礁就這樣逐層露出海面成為「隆起珊瑚礁」，並形成「海階」。

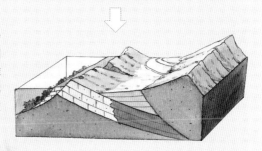

3 貓鼻頭公園

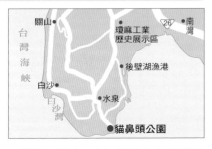

關山●
台灣海峽
白沙
白沙灣
瓊麻工業歷史展示區
●南灣
26
後壁湖漁港
水泉
●貓鼻頭公園

離開了關山，便可驅車前往貓鼻頭岬角的最南端——貓鼻頭公園，準備親身去感受恆春八景之一——「貓巖

峙海」的奇麗風光，並享受汪洋大海的浩瀚之美。

貓鼻頭公園內鋪設了一條海濱步道，遊園者可在珊瑚礁上細賞各式海蝕地形，然後再沿著海崖向上攀登，完成繞園一周。在走下海濱步道之前，建議先到瞭望台駐足片刻，居高臨下俯瞰整個公園的地形地貌，大致瞭解這裡的地形環境後再出發。特別注意的是，海濱步道在颱風及落山風期間非常危險，應遵守指示避免進入。

地名由來： 海岸有塊石灰岩礁石受海浪沖蝕，酷似一隻蹲距海中、遠望海面的「貓」。由於台灣沿海漁民習慣稱突出海面的岬角為「鼻」或「鼻頭」，貓鼻頭因而得名。

從空中俯瞰的貓鼻頭海岬

貓鼻頭的地形特色

貓鼻頭岬角是恆春西台地的最南端，台地在此處緩降入海，在海岸露出了西台地的「石灰岩層」。海水已將岩層侵蝕出陡直的海崖，海崖崖腳則有「隆起珊瑚礁」露出海面，圍繞著岬角四周，貓鼻頭公園就位於此處。由於地處台灣海峽及巴士海峽的交界，海水侵蝕力量大，這裡的海蝕地形相當發達。

生物碎屑石灰岩層：恆春西台地是由過去的生物碎屑堆積成的岩層，是為「碎屑石灰岩層」。因此，在貓鼻頭公園的石灰岩海崖中，同樣可以發現許多貝類、珊瑚化石，也可以看到因堆積形成的「交錯層」及「平行層」。

海蝕地形：是貓鼻頭公園最豐富的景觀資源。不論是隆起珊瑚礁或是石灰岩海崖，表面都被侵蝕出大小不一的溝潮及洞穴，甚至崩落下巨大岩塊，造成海蝕溝、溶蝕盤、海蝕洞及貓岩……等等地形景觀，琳琅滿目，令人目不暇給。

貓鼻頭公園導覽地圖

貓鼻頭公園內只有一條海濱步道，步道就築在隆起珊瑚礁上而環繞著整個園區。順著步道前進，就可以盡覽所有的海蝕地形後又回到原點。整個園區走一圈約 1.5 小時。

瞭望台

登上碉堡狀的瞭望台，頓時感到視野豁然開朗。瞭望台正位在海崖頂上，海闊天空正是這裡極佳的寫照。貓鼻頭之旅就從這裡開始——首先對照著下圖，從遠而近、由左至右，對貓鼻頭做個全盤性的認識。

①鵝鑾鼻：前方深入大海的岬角就是「鵝鑾鼻」。台灣尾有兩個突出的岬角互成犄角，就像是魚尾一般分岔開來伸向巴士海峽，並隔開台灣海峽和太平洋——較短的是西側的「貓鼻頭」岬角，屬於恆春西台地最南緣，較長的是「鵝鑾鼻」岬角，則是中央山脈最南緣。兩岬之間的大海灣是「南灣」。

從此處望去，對面的山巒上有諸多「外來岩塊」聳立——大山母山、大小尖石、青蛙石等等排成一列，其各自獨特的外形在此一覽無遺，辨識無礙。（形成 ⇨P.72）

大山母山

隆起珊瑚礁

石灰岩海崖

②**隆起珊瑚礁：**站在瞭望台往左邊望，一長條黝黑的珊瑚礁岩鋪沿在海崖邊，其上有一條條明顯的「海蝕溝」彼此平行、切割著珊瑚礁。這些珊瑚礁是在生長的裙礁，數千年前才從海底隆起，稱為「隆起珊瑚礁」（ ⇨ P.80）。

③**石灰岩海崖：**海崖崖面露出的岩石就是「生物碎屑石灰岩」，裡面除了可找到來自海底的生物碎屑「化石」，還可以見到因沈積、堆疊而成的大型「交錯層」（⇨P.78）。

④**海蝕地形：**園內的水泥步道沿著腳底下的珊瑚礁，一路往崩落的岩塊鋪設過去。沿途還會見到其他多種海蝕小地形，例如「溶蝕盤」、「溶蝕洞」（⇨P.82）等等，個個造型奇特，令人嘆為觀止。

⑤**貓岩：**沿崖面向右邊望去，只見巨大岩塊如骨牌般撲倒海岸週遭，其中一塊就是傳聞中的「貓岩」（⇨P.83）。

有了這番的初步認識，便可準備步向海濱步道。

山　　大尖石山　　大圓山　　鵝鑾鼻　　青蛙石

貓岩

海蝕地形

2 岩層的層理

　　沿著步道往下走，沒走多遠，即可停下腳步，回頭看看身後的海崖崖面，可以發現崖面的岩層上，有著層層堆疊的痕跡：有水平方向、互相平行的層紋，也有傾斜的層紋，與平行的層紋斜交。可別小看這不起眼的層紋，它可是地質學家判斷古環境的最佳線索！

　　看層理：這些層紋是石灰岩中的「層理」，水平的是「平行層理」，傾斜的則稱為「交錯層理」，是海流在搬運泥沙時形成的沈積構造。地質學家就是利用「交錯層理」來推測古代海流的流向——斜面傾斜的方向，就是古代海流的方向。

3 生物碎屑石灰岩

　　再仔細觀察岩層的成份，裡面盡是珊瑚、貝類……等海底生物碳酸鈣殼體的碎屑，而且甚少有完整的生物遺體，是為「生物碎屑石灰岩」。在步道兩旁的岩塊也都是這種岩石。

　　找化石：這些岩層的成份都是來自古代的生物殼體碎屑，大都已岩化，並膠結成石灰岩，不易辨識出來。有時，在岩層表面

珊瑚化石

由古代生物碎屑堆積而成的海崖

岩石上的斜傾紋路是「交錯層」

還是可以發現較大、較完整的化石。

　　這裡最常見的化石是破碎的「雙枚貝」、「珊瑚」與「藤壺」。雙枚貝係蛤蜊之類的軟體動物，兩片殼長得一模一樣，互相對稱。幸運的話，還可找到現代非常少見，但常見於中生代海洋的一種活化石──腕足類，兩瓣殼不對稱，但同一瓣殼左右對稱。

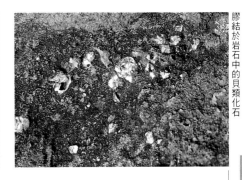

膠結於岩石中的貝類化石

碎屑石灰岩層的形成

　　海底珊瑚礁中，生長著各式各樣的生物，有珊瑚、貝類、藤壺……等等。這些生物死亡後，不被分解的碳酸鈣骨骼與殼體被海水沖刷、擊打而破碎，形成碎屑，然後在海中逐漸堆積，最後膠結成石灰岩層。海流搬運、堆積碎屑的過程，被一五一十的記錄在岩石紋路上──

　　①**堆積交錯層理**：海流搬運著生物碎屑和泥沙，在海床表面層層堆積，碎屑便沿著水流方向堆疊出與層面斜交的傾斜層，稱為「交錯層理」。

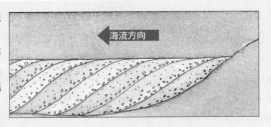

海流方向

　　②**形成水平層面**：颱風時，水流強勁，海床表面沈積物會被沖蝕，形成平坦的「水平層面」。水平層面上經常可以發現較大型的貝殼或珊瑚化石。

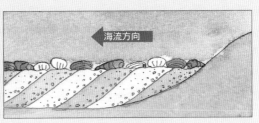

海流方向

　　③**膠結成石灰岩**：海流繼續搬運、堆積生物碎屑。這些堆積物最後膠結形成「碎屑石灰岩」，被包裹在裡面的生物殼體久久之成為化石。

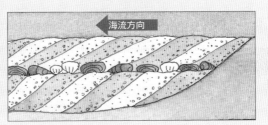

海流方向

④ 隆起珊瑚礁

隨著益發逼近作響的滾滾浪濤聲，來到「隆起珊瑚礁」上面。這些珊瑚礁緊緊環繞著海岸，退潮時所露出的外緣礁岩上可以找到活的珊瑚，這些珊瑚還在製造礁岩（⇨P.124）。

走在隆起珊瑚礁上，地面崎嶇不平、坑坑洞洞。珊瑚礁外緣凹進大大小小的「海蝕溝」，處處留下尖銳不齊的岩面。洶湧的海浪不時衝入溝內，激起一道道白色的浪花，煞是壯觀。

恆春半島隨處可見到隆起珊瑚礁及海蝕溝，但是在貓鼻頭看得最清楚，一目了然。

環繞恆春半島的海岸以隆起珊瑚礁最為常見

隆起珊瑚礁

溶蝕洞

溶蝕盤

5 海蝕溝

在隆起珊瑚礁的迎風面，經常形成與海岸垂直的長條溝槽，稱為「海蝕溝」，是由海浪朝海岸沖蝕切割出來的。

每當海浪朝海蝕溝衝湧而進，不僅拍打巨響、氣勢凌人，白色浪花更使得隆起珊瑚礁海岸看起來像是黑白相間、一褶一褶的百褶裙，真可說是聲色俱佳，對大海巨大力量的敬畏之意，也不禁油然而生。

珊瑚礁岩脆弱的部份最易形成海蝕溝

海蝕溝

隆起珊瑚礁及海蝕溝的形成

當海底的珊瑚礁抬升出海面而形成「隆起珊瑚礁」，便日夜受到海水的侵蝕而逐漸出現「海蝕溝」——

①形成海底珊瑚礁：約3000年前，許多珊瑚、貝殼與海藻……等生物群集固著在淺海海底，死後的殼體堆積成為珊瑚礁。

②隆起珊瑚礁：因為地殼的抬升或海水面的下降，海底珊瑚礁露出海面，成為環繞海岸的「隆起珊瑚礁」。

③侵蝕出海蝕溝：在迎風面處，海水從珊瑚礁石最脆弱的地方開始侵蝕，不但向陸地掏挖、向下切割，也往兩側加寬，形成一條條「海蝕溝」。

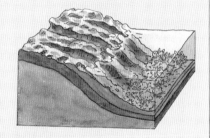

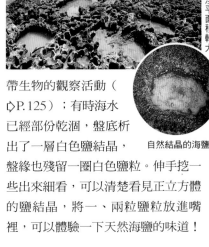

溶蝕盤的底部淺平面積較大

⑥ 溶蝕盤

　　沿著海岸的步道行走，會發現兩側珊瑚礁表面有著奇形怪狀的凹洞，這都是因海水或雨水溶蝕而成的「溶蝕地形」。有些凹洞的面積明顯較大，底部淺平如圓盤，因而被稱為「溶蝕盤」。

　　溶蝕盤內有時會盛滿海水，有些潮間帶生物就藏匿其間，可以進行潮間帶生物的觀察活動（➪P.125）；有時海水已經部份乾涸，盤底析出了一層白色鹽結晶，盤緣也殘留一圈白色鹽粒。伸手挖一些出來細看，可以清楚看見正立方體的鹽結晶，將一、兩粒鹽粒放進嘴裡，可以體驗一下天然海鹽的味道！

自然結晶的海鹽

溶蝕盤的形成

　　富含碳酸鈣的珊瑚礁石表面易溶於海水，加上風化作用，溶蝕盤便逐漸形成——

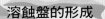

①溶蝕出小凹穴：海水在珊瑚礁石表面溶蝕出許多小凹穴。

②鹽份進行風化：海浪衝擊上來的海水在凹穴中乾涸而析出鹽份結晶，礁石因與結晶產生化學變化而變得鬆軟，然後崩解。

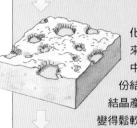

③擴大凹穴：崩解的部份礁石被海水帶走。如此再三重複鹽份風化的過程，凹穴逐漸擴大，變成圓盤狀的「溶蝕盤」。

⑦ 南海洞

　　步道右側的岩層間，可以找到可容數人進入的南海洞，不妨在此休憩，暫時避開炎熱的艷陽。這個南海洞是岩層崩落形成的。

遊客在南海洞內休息

⑧ 溶蝕洞

　　海岸的石灰岩海崖崖面上，常見有小圓洞聚集在迎風面的岩石表面，稱為「溶蝕洞」。這些溶蝕洞像蜂窩一

般，密密麻麻排列在礁岩上，又稱「蜂窩岩」。

溶蝕洞形成的原因與溶蝕盤一樣，都是被海水、雨水溶蝕而成的；不同的是，溶蝕洞只出現在迎風面的礁石表面或崖面，溶蝕盤則出現在隆起珊瑚礁的表面。再仔細比較，可以發現溶蝕洞都是小小的，不像溶蝕盤可以形成很大的水池。

 貓岩

後段步道逐漸離開隆起珊瑚礁，來到一處亂石堆，越過石堆，沿海崖往上攀爬，便結束這一趟奇岩怪石之旅，回到了岬角頂面。

海岸上這亂石堆都是從崖壁直接崩落下來的巨大石灰岩岩塊。這裡的崖壁高聳、陡直，站在陡崖底下，總有錯覺，岩塊就會從天而降，讓人惶恐不已。

貓鼻頭得名由來的「貓岩」，本身就是一塊崩落下來的大岩塊，在長時間經海水侵蝕、雕琢而有現今的模樣。

岩石上的溶蝕洞共同形成蜂窩岩

岩塊如何崩落？

當海底的石灰岩層逐漸隆起，形成恆春西台地的同時，岩層本身也產生了變化——

①產生節理：石灰岩層在造山運動的過程中受到擠壓而產生許多破裂面，稱為「節理」。

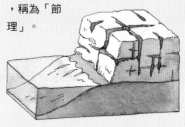

②岩塊崩落：海水、雨水容易沿著這些節理進行風化、侵蝕，破壞岩層，使岩塊一一崩落。

蹲踞於海上的「貓岩」

4 後壁湖漁港

恆春鎮大光里大光路79-15號

離開貓鼻頭後往北走，便來到恆春半島最大的漁獲集散中心——後壁湖漁港。

每天下午3點過後，漁船便陸續進港了。由船上卸下的漁獲後，爭購海鮮的遊客、當地居民以及競標的魚販就穿梭其間，原本寧靜的漁港開始活絡了起來。

在這裡不僅可以認識漁船，也可以參觀魚市中有趣的拍賣過程。緊鄰魚市場的魚貨直銷中心裡，不僅可以買到新鮮又便宜的魚，有興趣的話，也可以對照著圖鑑認識當地的魚種。另外，還可以搭乘娛樂漁船或遊艇出海環繞恆春半島一圈，由海上看恆春半島，又是另一種體驗。

海上遊憩活動：墾丁國家公園在漁港北側興建遊艇港，遊客可以在此搭乘遊艇出海飽覽海上風光。詳情洽遊艇港（☎▷P.268）。

此外，亦可搭乘恆春區漁會管理的娛樂漁船環遊恆春半島海域或前往蘭嶼，也可以租船出海進行海釣活動，海釣的季節以3～10月最為適當。3～8月的旅遊旺季時，最好預定船位。詳情可洽恆春區漁會候船室（☎▷P.268）。

認識後壁湖漁港

後壁湖漁港是個近海漁港,可容納10～20噸級的漁船約 200 艘,港內並設有魚市場及魚貨直銷中心,還有加油、加水、加冰或船機修護等設施,規模不算大,卻是恆春半島沿海最大的漁港及漁獲集散中心。恆春區漁會的辦公室就位於漁港旁,負責恆春半島上所有的漁獲交易。

建港歷史:後壁湖是個小漁村,由於地近巴士海峽及太平洋兩大漁場,附近海域又有寒、暖流交會,因此擁有豐富的漁業資源;加上天然形勢隱蔽、港面遼闊、連外航道水深等優良的建港條件,1972年,政府選擇在此興建近海漁港,以發展恆春地區漁業,解決當地船筏停泊問題,後壁湖漁港於是一躍而成為半島上最大的漁港。

魚市場:位於港灣邊,是漁會拍賣漁獲的主要根據地。每到下午 3 點半過後,在這裡可以看到魚商爭相競標漁獲的較勁場面,其中又以旗魚標售的場景最為常見。(⇨P.90)

魚商正在處理魚貨

魚貨直銷中心:為了吸引遊客、推動魚市產銷,恆春區漁會在魚市場旁增建零售市場,讓遊客可以自由挑選當地便宜又「生猛」的海鮮。營業時間自下午 3 時約至 7 時。

漁獲:種類可以分成兩大類,一是底棲性或珊瑚礁魚類,例如石斑、臭肚、青鸚哥魚、青雞魚、紅魽等;一是表層性的洄游性魚類,像是旗魚、巴籠、飛魚、拉侖、尖梭、鬼頭刀等。主要漁場都在近海一帶,漁船都是當天往返,因此提供的都是新鮮無比的「現流(撈)」魚貨。

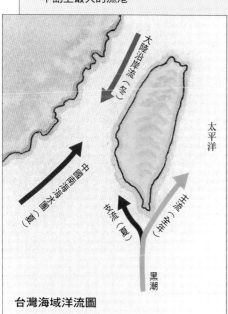

台灣海域洋流圖

1 觀察鏢旗魚漁船

鏢旗魚的漁船，最顯著的特徵就是船頭長長伸向大海的鏢台，由於主要在近海作業，因此以10～20噸的中型漁船居多。每艘船除了基本動力、通訊設備以及活動空間外，還裝載捕魚時所用的裝備。除了鏢旗魚漁具，還會加載其他的捕魚裝備，用以捕捉其他魚種。以下介紹的便是標準的鏢旗魚漁船的空間配置及利用——

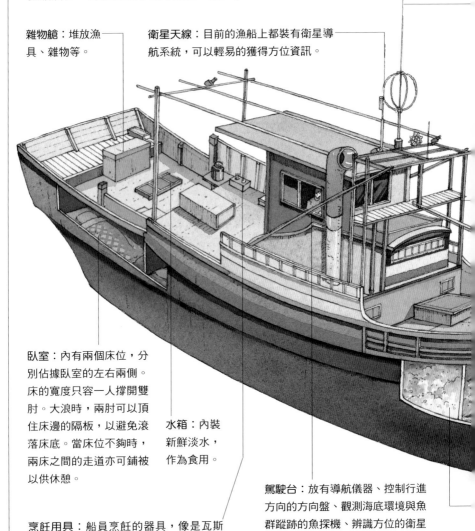

雜物艙：堆放漁具、雜物等。

衛星天線：目前的漁船上都裝有衛星導航系統，可以輕易的獲得方位資訊。

臥室：內有兩個床位，分別佔據臥室的左右兩側。床的寬度只容一人撐開雙肘。大浪時，兩肘可以頂住床邊的隔板，以避免滾落床底。當床位不夠時，兩床之間的走道亦可鋪被以供休憩。

水箱：內裝新鮮淡水，作為食用。

駕駛台：放有導航儀器、控制行進方向的方向盤、觀測海底環境與魚群蹤跡的魚探機、辨識方位的衛星導航系統、通話用的對講機等，是整艘船的操控中心。

烹飪用具：船員烹飪的器具，像是瓦斯桶、爐灶、調味料等，直接置放在船舷上，不佔位置，簡單的就解決飲食問題。

通訊天線：目前通訊系統還是以傳統的無線電通訊為主。

鏢旗魚漁船有個相當顯眼的長鏢台

鏢台：鏢旗魚用。由船首往前突出，最前端處為一向下傾斜的小平台，平台上有左右兩個腳環，供主鏢者雙腳套入，固定在前端。有的平台較寬，會有兩雙腳環，可以站立兩位鏢魚者。

扶手：位於平台後方，供副手支撐使用。

展望平台：讓船員可以遠眺，藉以尋找魚群。

魚艙：位於船首，主要用來裝置漁獲物。

鏢竿：是鏢射的最佳利器。在長約 3 ～ 4 公尺的木竿前端，插上三叉的鐵製鏢叉。每個鏢叉上，裝上有倒鉤的「銛」，再用鐵鍊與數百公尺的繩索連結在一起，就成了鏢竿。每艘船上都備有 5 ～ 6 支鏢竿，其中還有二叉的標竿，用來鏢射鯊魚。

冰庫：出航前會裝滿冰塊。當漁獲物裝入魚艙時，便可從冰庫內取出冰塊覆蓋其上。當魚艙裝滿時，可挪用冰庫充當魚艙。

鏢竿圖

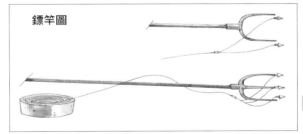

鏢旗魚

　　鏢旗魚是日治時期從日本傳來的技術。風浪洶湧時，旗魚會浮游水面，鏢旗魚漁法就是利用這種習性，在風浪大時尋找旗魚的蹤跡，然後再以鏢射捕獲。因此，鏢旗魚者必須在風浪中佇立於鏢台前尋找魚跡，然後以沉穩的勁道向魚投鏢，這是相當高超的技術。

　　出航：人數以 5 人最佳，技術熟稔的 3 人也可應付。負責鏢射旗魚的「頭手」通常是由經驗豐富的船長擔任。頭手站在鏢台最前端，兩腳套入腳環，注視魚的動靜。副手則站在稍後的扶手旁，幫助研判魚蹤，以手勢來指引駕駛者的進行方向。駕駛台內的駕駛，依副手的指示，控制漁船的行進方向。其餘的船員則在展望平台上協助尋找魚群。

　　漁場：旗魚主要出沒在沿海地區，因此

恆春半島海域圖

　　鏢旗魚船的作業距離多在沿海十幾海浬內，其中以七星岩附近的海域最為重要，港口灣附近海域次之。

　　旗魚：體型龐大，身長 3 公尺左右，最大的特徵就是又長又尖銳的劍狀吻部。吻

鏢魚過程

　　①追蹤：天剛亮時便出海，漁民站在展望平台或鏢台上，全神貫注的注視海面動靜。一旦發現旗魚蹤跡，頭手及副手立刻站上鏢台，漁船全速前進。副手負責判斷方向，以手勢引導駕駛台上的舵手。

　　②鏢射：當漁船離魚約30公尺時，站在最前端的頭手舉鏢準備投射。距離目標魚約 5、6 公尺時，頭手便對準尾巴或頭部投射魚鏢。由於頭、尾部份的魚肉較少，因此漁鏢較不易脫落，同時也避免傷害魚肉而影響到價格。

部的上顎遠較下顎長，是覓食及攻擊的最佳利器。當漁民捕獲旗魚時，為避免旗魚過長無法放進魚艙，也為避免被傷及，通常會將旗魚的長顎給砍下，塞進旗魚的嘴巴中，再送入魚艙。

目前洄游於恆春半島沿海的旗魚種類主要是白皮、黑皮以及雨傘旗魚三種。白皮旗魚的肉質最好，因此價錢也最高，由於死後全身會變為灰白色，腹鰭會堅硬、翹起，故當地稱為「翹翅仔」。黑皮身上有黑、紫色條紋，肉質鮮美。不易變色，適合作生魚片。雨傘旗魚的背鰭又長又高，浮游於海面上時彷若一支破爛的雨傘，故俗稱「破雨傘」。

在日本，旗魚是經濟價值極高的魚種，因此在後壁湖漁港拍賣的旗魚，80%以上都外銷到日本。

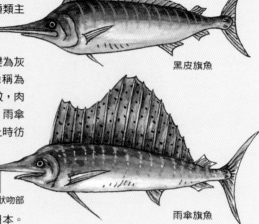

白皮旗魚

黑皮旗魚

劍狀吻部

雨傘旗魚

③尾隨其後：旗魚中鏢後，會猛力往前衝，插在魚體上的鏢銛便脫離了鏢竿，並帶著繩索前進。漁民此時只需緩緩釋出繩索，任由旗魚向前拖曳。在收拉繩索之際，漁船會放慢行進速度，緩緩隨著旗魚前進。

④打撈：等到旗魚跑得精疲力竭，就可以收繩將旗魚拉近船邊，然後用魚鉤鉤住魚體，拉上船來。如果體長超過船艙，就會砍斷魚上顎。幸運的話，當天下午3、4點就可返回漁港拍賣，如果遇到剽悍的旗魚，甚至得搏鬥到深夜。

2 看旗魚的拍賣

每天下午 3 點過後，後壁湖漁港的魚市場便人聲鼎沸，漁船陸續進港，運來當天的漁獲，還有專程用貨車從其他漁港送來的，這些漁獲就被堆放在地上，等著恆春區漁會進行拍賣交易。拍賣從每日下午 4 點開始，最晚 7 點左右結束，其中以旗魚為拍賣大宗，非常特別——

①過磅：從漁船或貨車上卸下的旗魚先過磅。秤好重量後，漁會的拍賣員會在四聯單上記下船主、魚種及其重量，然後撕下一張貼在魚體上，另外一張給船主。

②鑑定魚肉：拍賣員吹哨子集合商家。商家手持細長、中空的「鑽子」，在魚尾部位鑽取小塊魚肉，然後鑑定魚肉的紋理、油脂等，以作為喊價的標準。

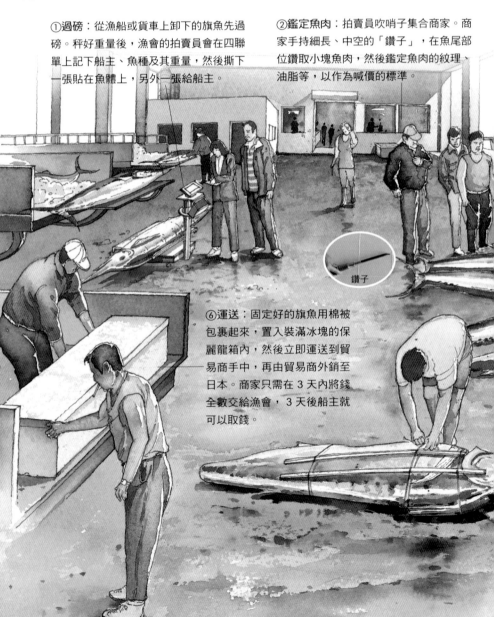

鑽子

⑥運送：固定好的旗魚用棉被包裹起來，置入裝滿冰塊的保麗龍箱內，然後立即運送到貿易商手中，再由貿易商外銷至日本。商家只需在 3 天內將錢全數交給漁會，3 天後船主就可以取錢。

③喊價：拍賣員開始喊價，拍賣價以公斤為單位，
起價以前一天的價錢為基準。若商家沒有反應，就
表示價格太高，拍賣員便會逐次降價，直到商家點
頭答應。若兩家以上都點頭，拍賣員會再往上加價
，直到只剩一家商家點頭為止。

④處理：得標的商家會在現場迅
速的剖開魚肚，取出內臟，然後
清洗魚體的裡裡外外。

⑤固定魚身：為
保持旗魚的新鮮
度，商家會塞冰
塊在旗魚肚內，
然後再以自製的
竹編固定器固定
魚身，避免冰塊
掉出來。

3 選購海鮮

恆春半島的珊瑚礁地形發達，因此孕育許多肉質鮮美、令人垂涎的珍貴珊瑚礁魚種，像是過仔魚、紅鮒、鸚哥、龍尖、赤筆仔等。每到黃昏時刻，後壁湖漁港內的魚貨直銷中心總是擠滿選購海鮮的遊客及當地居民。挑選的海鮮可以找家餐廳代為烹煮，或是請魚販切成可以直接食用的生魚片。新鮮而價廉的海鮮絕對讓你直呼過癮。對照著圖鑑（♫圖鑑 P.139）來認識魚種，更是一堂豐富的戶外教學。下面就來介紹如何選購味美價廉的海鮮——

①**辨識魚種：**：一種魚往往有許多外形差異不多的同類，如何從琳瑯滿目的魚攤及魚販的「魚目混珠」中挑出正確的海鮮，就要靠魚類圖鑑來按圖索驥了。

②**選擇新鮮的魚：**市場上「現流」的魚貨，通常是現抓的活魚或未經冷凍、處於最新鮮狀態的魚。如何在一攤攤的魚群中挑選最新鮮的，這就有點學問了。

魚在斷氣後數十分鐘到數小時後，魚體會開始僵硬（不是凍結狀態）。此時的魚，用手指撐起魚腹時，首尾兩側不會垂下，而且眼睛清澈、黑白分明，眼球飽滿而不塌陷，鰓羽鮮紅色，魚肉有彈性，鱗片有光澤……等，這些都是現流魚貨最新鮮的狀態。

過了這段新鮮期之後，魚體內的器官開始分解、腐化，又回復生前的柔軟狀態，用指頭觸壓魚體，會凹陷殘留指印，鱗片易散落，眼睛變得白濁、充血，眼球塌陷，鰓羽暗紅色、甚至有腥臭、腐敗的體液流出……。大多數的冷凍魚在解凍後，就是這種狀況，應該避免購買。

③**選擇「著時」的魚種：**面對琳瑯滿目的魚常令人眼花撩亂，不知從何下手。這時，選擇「著時」的魚種倒是不錯的方式。「著時」指的是魚最豐腴、甜美的季節。每種魚都有其體形最肥滿、含脂量最多的時期。大部分的魚在冬到春初時的肉質最為甜美，這些魚為了準備度冬以及面對即將到來的繁殖季，在身體裡積蓄了豐富的脂肪，因此肥碩而味美。產卵後的魚類在夏季時的肉質普遍不佳，不過，仍有些魚因為食物豐富或尚懷有卵而肉質肥腴，例如龍尖、黃鰭鮪、臭肚仔、鬼頭刀等。旗魚種類中最為美味的白皮旗魚在秋天時盛產，千萬不能錯過。

魚攤上琳瑯滿目的魚貨任人挑選

5 瓊麻工業
歷史展示區

● 瓊麻工業歷史展示區

台電核三廠　26　南灣●

後壁湖漁港

令人發思古幽情的宿舍殘壁

　　離開後壁湖漁港，往龍鑾潭的方向前進，看到往龍鑾潭南岸的標誌時右轉，不多時，右側便可看見「瓊麻工業歷史展示區」的入口。

　　曾造就恆春的經濟奇蹟的瓊麻恆春曾到處可見，和洋蔥、港口茶並稱「恆春三寶」。而如今，瓊麻工業沒落了，要知道瓊麻的植物秘密和這段瓊麻黃金歲月，就只能到恆春瓊麻工業歷史展示區一窺究竟。

　　一進展示場，便見一片瓊麻園，讓人十分容易貼近觀察瓊麻的植物特性。接著，可到簡報室看錄影帶，瞭解恆春半島瓊麻工業的發展歷史。之後，再順著步道參觀當年的機房

筆直穿入雲霄的瓊麻花軸

、曬麻場、鐵軌、倉庫、宿舍殘蹟……等。還有代表日本神社的「鳥居」，完整的座落於一隅，默默見證著這段瓊麻工業歷史……

　　瓊麻工業展示區：原是台灣纖維株式會社在西元1913年所設置的「恆春麻場」，是推動瓊麻種植及製繩的重要根據地。光復後，由於麻繩成功的外銷到日本，因而締造了瓊麻工業的黃金時代。70年代，尼龍繩逐漸取代瓊麻的地位，麻絲的價格遽降至不敷成本，恆春麻場遂於1983年關廠結束營業。

瓊麻工業歷史展示區內的景緻

　　墾丁國家公園成立後，便利用恆春麻場所餘留下來的設備，規劃成「瓊麻工業歷史展示區」，內有資料展示室，展示恆春瓊麻工業發展的文獻資料；並設採纖、製繩機具展示室，於1895年開館，免費提供遊客參觀。

93

1 復原瓊麻製繩過程

走進機具展示室，目光所及的都是瓊麻工業中所使用的機具，想了解瓊麻製繩的過程，這裡是最佳的場所。

瓊麻通常在栽種3、4年後開始收割。由瓊麻到製成麻繩，大致分成3個階段——先由麻農採收成熟的麻葉，再由採纖工廠從麻葉中抽取麻絲纖維，最後由製繩工廠搓製成繩索。

瓊麻園

①採收：收割時，須先將葉尖的硬刺割除，以免傷人，而且必須留下約15片葉片以利繼續生長。平均8～12個月收割一次。

②搬運：日治時期，恆春麻場在西台地與麻場之間興建了台車軌道，利用西台地的坡度運送麻葉至麻場，減少許多搬運時間及成本。戰後，麻農多是利用三輪車運送麻葉至採纖工廠。

採纖工廠

③採纖：必須在收割後48小時內進行。麻農迅速將瓊麻葉送到採纖廠，由「自動採纖機」進行麻葉的壓榨及清洗工作，以抽取乾淨無雜質的麻絲。

④曬乾：採纖後所獲得的麻絲再運到曬麻場鋪曬，曬乾後再壓製成方塊，送至製繩廠加工。

製繩工廠

⑤梳麻：過程就像梳頭髮一樣，將雜亂的麻絲梳理成一束一束、有條不紊的麻絲。「梳麻機」依齒距大小分為 1～6 號機，麻絲先進入齒距最大的 1 號機梳理，然後再送到 2 號機……，如此依序將麻絲梳理過 6 次。

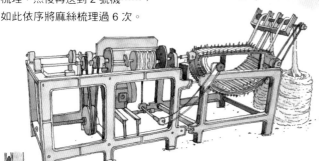

⑥撚絲：利用「撚絲機」將梳理過的麻絲搓撚在一起，形成一條一條的細麻線。

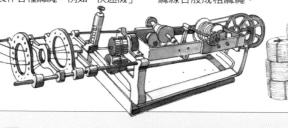

⑦合股：就像綁辮子一般，是將多條細的麻線編織成麻繩。進行合股的「製繩機」有多種，可依客戶的要求製作各種麻繩。例如「快速機」可將細麻線合股為細麻繩，再經「纏繩機」將細麻繩纏繞成粗麻繩；「製繩索機」則是直接將多股的麻線合股成粗麻繩。

手割機到自動採纖機

　　早期，麻農把「手割機」搬運至麻園，將現場所採收的麻葉直接送進手割機內搾碎、去除葉肉，然後再將最後所取得的麻葉纖維直接鋪曬於麻園中。

　　由於這樣所取得的麻絲含有較高的雜質，品質不佳，加上是手動使用，很容易發生被手割機斷手的意外。於是，中國農村復興委員會在 1965 年引進一台英國的「可羅娜 2B 型自動採纖機」，採纖、沖水一次完成，產出的麻絲纖維清潔無雜質。從此，自動採纖機取代了傳統的手割機，採纖工廠亦應運而生。

手割機是早期的採纖工具

2 認識瓊麻

瓊麻屬龍舌蘭科植物，原產於南美洲的墨西哥一帶。1902年，日人技師田代安定將 6 株瓊麻幼苗移植在今天的墾丁森林遊樂區，生長狀況相當良好，從此便展開瓊麻在恆春半島的輝煌歷史。

由於瓊麻喜歡陽光充足、通風、排水良好、土壤疏鬆、富含鈣質的環境，恆春半島這種乾旱的石灰岩地層，正好適合它的生長，也因此造就了一段燦爛的恆春經濟發展史。

花：由下而上逐漸綻放開花，往往花軸下方的花朵都已盛開，頂端的花朵卻仍含苞待放。花朵除了借助昆蟲傳粉，還會因上面花粉掉落到下面的花朵上，而進行「自花受粉」。

花軸：長若竹竿是最大特徵。在瓊麻生命末期（約 9～10 年）才會抽長出來，以繁衍下一代。不過，長成的黑色種子，在台灣的氣候下，是無法發育的。

葉：肥厚，將葉肉刮除，便會露出長條、白色的麻絲，是早期製造麻繩、漁網的最佳原料。葉尖端有黑褐色硬刺，銳利得足以刺穿皮鞋，因此，許多軍事基地會在四周種植瓊麻，作為反空降部隊的阻隔物。

珠芽

珠芽：是從花朵的花腋中長出來的芽苗。成熟後掉落地面，就能直接生長。在台灣，瓊麻無法用種子繁殖，只能利用「根珠」或「珠芽」繁殖下一代。

根芽：由根部長出來的芽苗。瓊麻的根普遍分佈在土壤表層，根芽就是從這些根部長出，然後發育成為新的瓊麻植株。

瓊麻葉端的硬刺

瓊麻工業滄桑史

瓊麻在恆春半島的歷史已近百年，從墨西哥到恆春，從引進到成為經濟作物，再從繁盛工業到完全消失，瓊麻的工業史寫滿了傳奇和滄桑……

瓊麻的引進：西元1901年，台灣總督府殖產局將美國贈送的瓊麻幼苗種植於台北農事試驗場，這是瓊麻首次引進台灣。次年，日人技師田中安定將6株瓊麻幼苗移植在恆春，結果生長狀況相當良好。於是，殖產局在1908年開始研究瓊麻作為經濟作物的可行性。

瓊麻工業的開始：1912年，恆春地區出現第一家經營麻園的恆春興農社，不過因市場尚未普遍，最後被迫轉賣給台灣纖維株式會社。

次年，纖維株式會社設置恆春麻場，同時引進採纖機，開始了瓊麻的生產及採纖工作。1933年，又在麻場內增設製繩工廠，開始利用麻絲（瓊麻的纖維）生產繩索。

中日戰爭爆發的前夕（1937），纖維株式會社開始充實設備、擴大瓊麻栽植面積，大量生產戰爭期間的日本軍用及

製繩工廠

民用繩索。自此，台灣的瓊麻工業才逐漸擴展開來。

瓊麻抽絲起高樓：戰後，麻絲的市場是供過於求，因此麻絲的價格年年下滑。1958年，政府首次嘗試將麻絲外銷到日本，結果成績斐然，當年的麻絲價格迅速地大漲，瓊麻工業開始如火如荼的發展了起來。

於是，恆春居民開始大量砍伐蓊鬱的海岸林，改植瓊麻。當時，恆春的瓊麻栽植面積高居全省之冠，許多居民更因瓊麻而一夕間致富，當地因此有「瓊麻抽絲起高樓」之說。

瓊麻工業的衰退：70年代中期，化學纖維尼龍繩竄起，快速取代了麻繩。從此，麻絲價格節節下滑，採纖工廠相繼停工，1987年，恆春最後一家採纖工廠結束營業，瓊麻工業至此完全走入了歷史。

現今，恆春僅存的製繩工廠寥寥無幾，這些工廠利用進口的便宜麻絲，偶爾開工製繩。被棄山野中成為野放種的瓊麻，也因敵不過銀合歡的生長競爭而逐日銳減。現在，只有在瓊麻歷史展示區，還能看到瓊麻林的特殊景緻。

曬瓊麻

6 龍鑾潭

1 賞水鳥

在龍鑾潭賞鳥有3個秘訣——好的賞鳥地點，賞鳥的季節和時間，以及了解棲地和鳥類的關係。一切準備就緒後，就可以開始享受感性與知性的賞鳥之旅——

選定賞鳥地點

龍鑾潭的水域寬廣，主要的賞鳥點有3處：緊鄰龍鑾潭東岸及南岸的停車場，以及位於西岸的「龍鑾潭自然中心」。這3處的鳥況以及適當的賞鳥時間各異，遊客可以根據行程上的安排，選擇適合的賞鳥點。每年冬季的假日，墾管處早上在南岸，下午在西岸的自然中心設立臨時解說站，現場除了解說員解說外，並備有高倍單筒望遠鏡、圖鑑，非常適合第一次賞鳥的遊客。

東岸停車場：適合遠望潭中央的水

龍鑾潭
龍鑾潭
自然中心
國家公園立標
東岸停車場
南岸停車場
瓊麻工業歷史展示區

走出瓊麻工業歷史展示區大門，往東前行不久，會看到左側有個停車場，停車場前是一望無際的水潭，這就是恆春半島最有名的賞鳥地點——龍鑾潭。每年9月開始，遠從北方遷徙而來的水鳥會陸續出現在此。11月至翌年3月，龍鑾潭上擠滿各種雁鴨時，是龍鑾潭賞鳥的旺季。

在台灣稀少罕見的澤鳧，每年冬天固定出現在龍鑾潭上

鳥，同時，堤防外的魚塭是鷺科鳥類的重要棲地。為避免太陽反射影響視線，宜選擇在早上賞鳥。

南岸停車場：由於棲地種類豐富，因此在這裡活動的鳥類種類較多。許多水鳥會在岸邊茂密的草叢裡過夜，因此，冬天的早晨可以看到數量較多的水鳥。

龍鑾潭自然中心：座落在龍鑾潭西岸，是國內設備最完善的室內賞鳥點。在這裡，可以自由使用室內的單筒望遠鏡，觀賞潭上水鳥的美麗姿態，不用擔心風吹雨打以及日曬的問題，也不會驚擾到鳥兒。

此外，中心內還有龍鑾潭歷史及環境的介紹展覽，並圖示各種水鳥的生態及習性。在這裡可以進一步認識龍鑾潭，也可以瞭解當地的冬候鳥。（☎▷P.268）

遊客可以在自然中心內的賞鳥

選擇賞鳥季節

每年9月到翌年5月，來自北方的過境鳥或冬候鳥陸續出現在龍鑾潭地區——8、9月是牛背鷺過境期，11月～翌年3月是雁鴨度冬的季節，4、5月則是鷸鴴的過境期。

8、9月：8月下旬，過境的牛背鷺及小白鷺首先出現，數量在9月上旬達到最高峰。每到黃昏，成群白鷺排成人字形飛越龍鑾潭，相當壯麗。

11月～翌年2月：10月中旬，雁鴨科鳥類陸續出現。11月後，大群的雁鴨分批進駐潭面，鷸鴴、鸕鶿……等水鳥點綴其間。這樣熱鬧的場面會持續到3月春暖，雁鴨北返。

4、5月：4月下旬，在南洋地區度冬的鷸、鴴科等鳥類開始北返。此時，在龍鑾潭可以看到大量的過境候鳥，是另一波賞鳥熱潮。

龍鑾潭上最大的雁鴨族群

鳳頭潛鴨，俗稱澤鳧，是一種擅於潛水的雁鴨科鳥類。一般常見的雁鴨，例如小水鴨，都是在水面或倒立於水中取食，因此，常可見到牠們埋沒上半身於水中，只露出屁股於水面上。相較之下，會潛水尋找食物的澤鳧，覓食的本領非常俐落。

每年冬天，固定會有大群的澤鳧出現在龍鑾潭，是潭面上族群數量最大的雁鴨種類。然而，在台灣其他地區，澤鳧並非如龍鑾潭所見的這麼普遍，而是甚為罕見的夾雜在其他的雁鴨群中。

澤鳧公鳥羽色黑白分明

尋找鳥類蹤跡

龍鑾潭地區的棲地大致可以分為兩大部份，龍鑾潭水域以及潭外環境。依據鳥類活動的棲地型態，龍鑾潭水域又可細分為：中央水位較深的潭面，潭邊水位較淺、有水草生長的草澤以及岸邊泥濘的沼澤。龍鑾潭的外圍則分別是魚塭、草生地以及灌叢。

由於每種鳥都有牠們獨特的習性以及偏好的棲息環境。所以如果知道龍鑾潭的環境以及各種鳥類的行為、偏

①**潭面：**相當廣闊，水深可達 3.5 公尺，可以看到澤鳧、小水鴨、尖尾鴨、鸕鷀活動其間。由於覓食方式的差異——潛水性的澤鳧大部份在潭中央深水處活動；而小水鴨、尖尾鴨等沼澤性的鴨子主要在岸邊淺水處覓食。

②**草澤：**位於龍鑾潭南側的淺水處。由於水草密佈，

魚鷹

④

小燕鷗

蒼鷺

小白鷺

小環頸鴴

小雲雀

斑文鳥

鷹斑鷸

⑤

⑥

黃鶺鴒

是水鳥覓食、休憩的好地方。翠鳥、紅冠水雞、鷺鷥……等就活動其間。

③**沼澤：**是南岸岸邊濕泥地，小環頸鴴、金斑鴴、鷹斑鷸、高蹺鴴……等鷸鴴科鳥類就覓食其間。較乾涸的沼澤上，則可以看到黃鶺鴒上下擺動著尾羽，四處走動。

④**空中：**過境期間，可以看到小燕鷗、白翅黑燕鷗飛翔其間，此起彼落

的俯衝入潭捕抓小魚。幸運的話，可以看到魚鷹迅雷不及掩耳的捕魚方式，令人拍案叫絕。此外，也可看到紅隼專注於地面上的風吹草動，準備隨時衝下捕抓地上的獵物。

⑤**草地：**位於潭的西岸，可以看到牛背鷺、斑文鳥、小雲雀……等。

⑥**灌叢：**位於龍鑾潭四周，可以看到大捲尾、樹鵲、紅嘴黑鵯、烏頭翁、紅鳩、五色鳥……等穿梭其間。

紅隼

澤鳧

①

琵嘴鴨

鸕鷀

紅冠水雞

大白鷺

尖尾鴨

③

②

小水鴨

龍鑾潭的形成

龍鑾潭位在恆春縱谷的南端，在過去水源豐富時，帆船之類的小型船隻可以從射寮溯溪而上，是恆春當時主要的對外交通之一。由於龍鑾潭的地勢低窪，常因雨季而成澤國。1948年，龍鑾潭的北岸和東岸築起了堤防，成為蓄水灌溉用的水庫，從此不但水患減少，農田亦得水利之便。

龍鑾潭的形成，該從恆春縱谷的出現開始談起——

縱谷的出現：從100萬年前開始，板塊持續不停的互相擠壓，使得中央山脈逐漸向西壓疊在西邊的岩塊上，岩塊受重壓的一側，地表逐漸下沈、凹陷而形成「縱谷」，另一邊則是逐漸抬升形成「西台地」。

湖泊的形成：縱谷中凹陷的部份開始匯聚雨水，因此在馬鞍山的北側形成了湖泊，即是今日的龍鑾潭。由於縱谷最南端的馬鞍山阻隔了南灣的海水進入縱谷，同時也沒有河流攜帶大量的泥沙注入湖泊，龍鑾潭才得以存留至今。

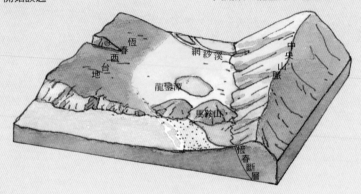

湖泊為何只出現在縱谷南邊？

在中央山脈的重壓之下，恆春縱谷至今仍不斷下陷，但是為什麼只有南邊匯聚出湖泊，而北邊卻不會？最主要原因就在有沒有河流注入——南邊凹陷處因為沒有河流注入，因此也就不會有大量泥沙淤積，所以凹地便能匯聚雨水而成湖。相對的，北邊的命運就不同了。北面有四重溪、保力溪與網紗溪等河流從中央山脈運下大量泥沙，堆積填滿凹地，湖泊當然就不會出現了。

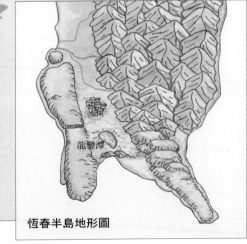

恆春半島地形圖

恆春地區

恆春原是南台灣的國防重地之一，
曾經有著固若金湯的城池，
有著嚴謹的風水配置，
有著地方色彩濃厚的聚落⋯⋯。
歷經歲月摩挲，
一切宛如沈澱於時間河床的金沙，
透過舊城門、老街、古廟⋯⋯，
依稀可見晃亮的金光。

恆春地區的故事

恆春鎮位於恆春縱谷，是清時漢人聚落發展、集中的據點。如今，沿著4個列為2級古蹟的古城門走一趟，舊日古城的規模及生活，依稀可以識得。

歷史背景： 清廷因「牡丹社事件」醒悟到南台灣國防的重要性，為了阻堵日人侵台的野心，命沈葆楨欽差提兵過海來台，籌辦海防事宜。沈葆楨奏請在台灣最南端設縣築城，一來可以加強海防，二則可以趁機劃定原住民與漢人的活動範圍，方便管理。沈葆楨並因此一地區地較內地溫暖，四季如春而改其地名為「恆春」。光緒元年（1875）恆春正式建城，分東、西、南、北四座城門，城門上設有砲台，城牆外有城壕圍繞，整體結構完全居於軍事防禦的考量，與台灣其他城池有所不同。

風水之說： 恆春城的建構多採軍事上的考量，不過許多的事實證明，風水堪輿也是影響恆春城設計的因素，自古為人爭議的「西門為什麼朝北？」答案就和風水脫不了干係，但之前卻始終流傳著各種傳說。

另一個風水重地，便是號稱龍脈所在的「猴洞山」。位於恆春城西門內的猴洞山，舊稱饗山，整座山高有百餘尺，周圍百餘丈，但通山都是由石頭所構成。山上有兩座水池，遠觀狀似飛鳥展翅，十分好看。光緒年間於此設「澄心亭」、「聽雨山房」、「瀛台仙館」等，常見騷人墨客在此把酒吟詩，一邊眺望鵝鑾鼻、貓鼻頭及城外恆春縱谷的風光。這些傳說，如今更有助於觀光恆春時的遊興。

恆春小鎮： 來到恆春鎮，除了欣賞古城遺跡之外，不妨也放慢腳步，至附近的老街溜達，看看聞名的檳榔文化，品嚐傳統小吃，甚至到廣寧宮、天后宮等古廟巡禮一番，體會一下悠閒的小鎮風光。

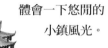

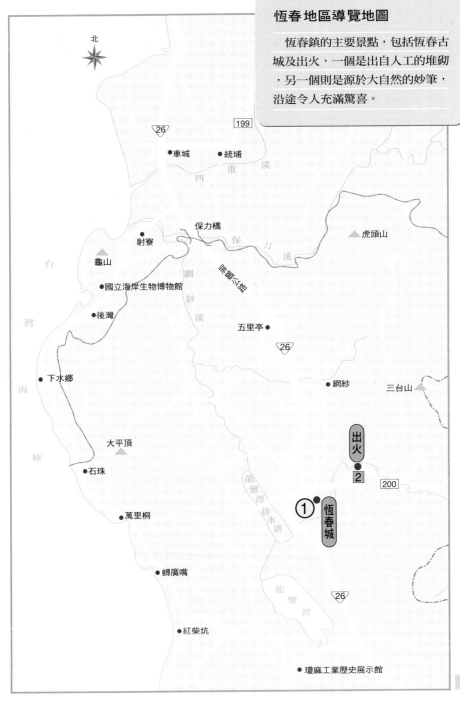

北

1 恆春城

屏東縣恆春鎮（2級古蹟）

恆春半島之旅除了有遼闊的草原、海岸之外，還有充滿人間煙火的區域——恆春鎮。

由台26線省道進入恆春鎮，境內的商家、公寓交雜，一副台灣典型的鄉鎮市容。但是在這片現代建築中，卻留有全台保存得最完整的古老城池，

那就是被列為2級古蹟的恆春城。

恆春古城：目前4個城門依舊佇立原地，還留有部份城牆可以攀登。除了歷史意義之外，技巧上運用中國最古老的工法，為現今建築學提供了珍貴的研究參考，同時更保留了台灣清末縣城的典範，有助於了解當時設縣築城的文化特色。

自建城以來，恆春城飽受歲月、天災（颱風、地震）、人禍（日治時期，日人允許居民取城垛磚塊修護民房）等摧殘，又經多次都市計劃，以及嚴重如學校拆城牆建運動場等事件，導致遺跡有所變動或破壞，樣貌與規模都已不復從前。但儘管外表業已斑駁蒼老，恆春城古蹟的城門、城牆仍不失其雄偉及可看性，除此之外，當年建城的風水、龍脈，昔日的古城中心、城內設施，甚至現存的舊市場、老聚落，都非常值得巡禮一番……

從空中俯瞰的恆春鎮

恆春城導覽地圖

　　恆春城是台灣目前保存得最完整的古代城池，除了4個城門依然屹立原地，甚至周遭多處還留有當初政商、民生的痕跡，特別適合連成一氣細加觀察，建議不妨以徒步的方式，由西門進城、繞行城內中心，再由東門出城，漫遊一圈。

屏鵝公路

省北路

加油站

西門路

僑勇國小

北門 ⑦

北門路

恆春國小

城牆遺跡

草埔路

地方法院

廣寧宮 ③

西門 ①

中正路

新興路

古城中心 ⑥

第一零售市場

猴洞山

恆春公園 ④

② 中山路

舊聚落

東門路 ⑥ ● 鎮公所

東門路

往出火 →

東門 ⑧

天后宮

福德路

郵局

台汽恆春站

恆春分局

中央氣象局恆春站
（恆春測候所）

天文路

光復路

農會

光明路

中正路

文化路

恆春國中

南門路

● 第一銀行

⑤

南門

● 南門醫院

往南灣 →

恆南路

往南灣 ↓

● 屏東醫院恆春分院

① 西門

目前門樓早已毀壞，只剩立面的雉堞和門洞，而車輛就由門洞穿行。這一帶是昔日恆春城的商區，如今熱鬧不減當年，高樓林立，建築物甚至倚著城牆而建。

西門

② 舊聚落

中山路這一帶是恆春的舊聚落，擁有許多恆春傳統的生活文化，例如舊市場附近隨處可見的檳榔店、恆春小吃等。

檳榔是恆春半島的文化之一

檳榔和恆春人的生活自古便密不可分，被視為恆春半島的文化之一。而在這裡的檳榔攤上，看到的是大簍大簍俗稱「青仔」的新鮮檳榔，以及經過曝曬成乾的「乾仔」檳榔乾，還有一疊疊荖葉和石灰泥，純樸的風情大大不同於其他地區的檳榔攤，引人駐足流連。

③ 廣寧宮

建於清光緒元年，與恆春城破土同年。廟後方傍著珊瑚礁岩建築，十分獨特，在爬滿樹根的岩壁右方，只見雕鐫著四個斗大的字「威震臺揚」，近處另有刻寫「恆春八景」的詩句，優美的介紹著舊恆春一帶的景點。廟內則可看見奉祀的主神三山國王，以及由城隍廟移奉於此的城隍神。

廣寧宮

④ 猴洞山

⇨P.110

是昔日恆春城龍脈。沿石梯拾級而上，到達高處，向四方眺望，是窺見恆春建城風水奧祕的最佳地點。

猴洞山原本是一高有20公尺的珊瑚

礁石，舊時因常有猿猴棲息於此而得名。清時此地為恆春縣治，現今則作為供民眾休憩的公園之用。園內石梯下有一日方紀念「石門之役」的紀念碑，字跡多半已被毀去，但隱約仍可辨識出「忠魂碑」等字樣。

⑤ 南門

隨著都市發展、交通的需要，被當做圓環之用，是四座城門中改變最大的。修護後的門樓，構造尚稱完整，不過沒有樓梯可以登樓；而城台、門洞等原來的石材，也被以其他材質所取代。原有城牆則因附近的恆春國中建運動場，而遭拆除。

現今的南門是一圓環

⑥ 古城中心
⊳P.112

從台汽恆春站一直到中央氣象局恆春站、恆春鎮公所一帶，是舊時恆春城的中心——相當於現今縣政府、警政署的縣署以及典史署，都位於此地方圓之內。走在路上，不妨想像一下昔日「首善之區」的盛況。

⑦ 北門

是恆春城建城之初的正門，現今是4座城門中最為冷清的所在，卻是視野最好的一座。門樓早已傾倒，但仍留有雉堞。門洞在靠近城外的地方比較低矮，如今也成了車輛通道。

北門是恆春城昔日的正門

⑧ 東門
⊳P.114

順著東門城牆的遺跡走，來到東門。東門是當時通往滿州鄉的主要道路。城樓的設計源自南門架構，但是現今卻是比南門更接近原樣。城牆約500多公尺，是目前唯一被保留下來的城牆，其他如雉堞、砲台等也都齊全。這裡可以登門樓、漫步城牆上的馬道，細細品味城門之美。

走完「恆春城巡禮」，可以繼續由東門出城，前往「出火」，觀賞一場大自然神奇的表演。

東門

恆春地區

109

1 看恆春城的風水

站上猴洞山最高點張望，可以揣摩當年恆春城的風水之說，感覺一下「龍脈」的氣勢。首先先找到北門，這同時遠處的三台山立刻也跳入眼簾，如此這般，順序一一對出各城門及其各自所依靠的山頭——

縣城四靈：北門外是三台山，西門對的是虎頭山，而龍鑾山則朝著南門，東門的背後靠山正是大平頂山。這四座山剛好可做為傳說中保護縣城的四靈：左青龍（龍鑾山）、右白虎（虎頭山）、前朱雀（大平頂山，舊稱西屏山）、後玄武（三台山）。

藏風聚氣：恆春城建城之初，曾請來善於堪輿、當時的高級文官劉璈，仔細推敲了城址以及門的方向，現在站在猴洞山就可以看到當年劉璈目光所及的光景：恆春半島位於中央山脈尾端，山勢層層跌落，於三台山前而豁然開朗收成平台，左右的龍鑾山、虎頭山則儼然護衛的架勢，遠遠的大平頂山一字排開，這四面地形正符合了所謂「藏風聚氣」的風水之說。若說還有瑕疵，那應該就是城西北方略有間隙，但稍遠一點的龜山應可做為彌補。

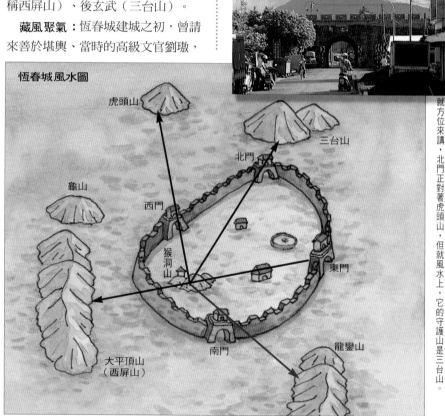

恆春城風水圖

虎頭山　三台山　北門　龜山　西門　猴洞山　東門　大平頂山（西屏山）　南門　龍鑾山

就方位來講，北門正對著虎頭山，但就風水上，它的守護山是三台山。

猴洞山是恆春城風水上的龍脈

龍脈居高臨下：「四靈」勘定後，恆春城將猴洞山圍進城的西方，以做為城的龍脈正穴。這是因為風水上所謂的正穴並非指城市的幾何中心，往往在取其居高臨下能夠控制全城的優勢，還可以防範水患，猴洞山正好都吻合了上述條件，自然成為縣治所在。而由龍脈的位置，便也決定了城門的方向。

西門朝北：根據《恆春縣志》記載，恆春城的 4 個城門，除了南門稱為「明都門」之外，其他均以其方向命名。現今，「明都門」的門額已不見，取而代之的是「南門」。實際上，東門、西門、南門、北門，代表的是門在城的方位，而非它們面對的方向。這也是為什麼「西門朝北」的原因所在。

最佳城址：除了護城四靈、龍脈正穴之外，流經城外，源於虎頭山及三台山的網紗溪，和源自三台山及龍鑾山之間的東門溪，蜿蜒至射寮、龜山出海等地理特徵，也都是當初決定恆春城設址的關鍵。話說恆春城是依照風水學打造出來的最佳城址，一點也不為過。

為什麼建恆春城？

恆春過去叫「瑯嶠」，據說在排灣族語中就是「蘭花」的意思，可見它還是個蘭花之鄉。但雖然自然景觀豐富，卻因為地處偏遠，長久以來這裡都被視為化外之地，不論在荷蘭人或清廷統治期間，皆是任憑自理自治的情況。

清同治10年（1867）琉球居民船隻遇海難，部份成員上岸後遭原住民殺害，於是同治13年，日本藉此挑起「牡丹社事件」（⇨P.61），恆春當地原住民慘敗，清廷面對道歉賠款屈從的協定，方才警覺到東南海防的重要性及外力威脅的嚴重，正是這樣的覺悟，改變了瑯嶠往後的命運。

加強海防：為了阻堵日人侵台的野心，首先，清廷命欽差沈葆楨提兵過海來台，籌辦海防事宜。沈葆楨在巡視了鵝鑾鼻至恆春後，奏請清廷在台灣最南端的瑯嶠設縣築城，一來可以加強海防，杜絕海上而來的外患，二則可以趁機劃定原住民與漢人的活動範圍，方便管理。沈葆楨並因此地較內地溫暖，四季如春而改地名為「恆春」。

軍事防禦：光緒元年恆春正式建城，周圍總長為 880 丈（1 丈等於10尺），牆基厚 2 丈，深入地下 3 尺 5 寸，分東、西、南、北四座城門，城門上設有砲台，城牆外有城壕圍繞，整體結構完全居於軍事防禦的考量，與台灣其他城池有所不同。

2 看古城中心

右頁是參考古地圖所模擬的恆春城，並對照著恆春城現況，由此可以大致了解昔日恆春城的實際範圍，以及古城內的街道和公共建築在現今的位置，來看恆春城重當時的格局。

①**街道**：城內街道系統呈現雙丁字形，原本北門為正門，但走此官道進恆春城，須先翻越龜山（今海洋生物博物館旁），再繞過五里亭（今恆春北方軍用機場一帶、恆春機場預定地）、網紗溪（源自三台山），才能抵北門進城，而這裡原是原住民的區域，時有出入民眾慘遭殺害，因此漸漸的大家都直接從西門進城。也因此居民多聚集在西門、南門附近，北門則設練兵營，少有住民，東門是前往卑南（東海岸）必經之途。

②**縣署**：相當於現在的縣政府，管轄整個恆春城，以及城外的墾丁等17個里，位置約莫在今天的恆春分局一帶。

恆春城縣署約莫在現今的恆春分局一帶

③**典史署**：相當於現在的警政署，專管緝捕和獄囚。為今天台汽恆春站位置。

④**文廟**：位於猴洞山頂，原名澄心亭，後改做文廟，廟內供奉至聖先師孔子，以及文、武二帝的神像，護佑境內文教昌明。今已不存。

西門

僑勇國小

王山國王廟 ⑩
廣寧宮
文廟 ④
（恆春公園
猴洞山）
福德祠 ⑨
觀音廟 ⑬
天后宮 ⑥

西門路
西門街
中正路
西門

⑤ 同晉公所
典史署 ③
台汽恆春站
② 縣署
縣前街 ①

新興路
中山路

五龍君王廟 ⑫
南門街
⑪ 白龍庵

南門

恆南路

屏東醫院恆春

南門

北門

（灰色為今日街道；藍色為恆春古城）

地方法院

東門街
⑦ 風神廟

東門

東門

日治時代的恆春城航空照

⑤**同善公所**：約同於今日的救濟院，專門收容老人和孤兒，後來改為猴洞書院，接著又被恆春營游擊隊借為公廨之用。今已不存。

⑥**天后宮**：為當時的恆春營官兵所建，供奉的是海上保護神媽祖，祈求鞏固海陲。現今雖經改建，仍佇立在原址。

歷史悠久的天后宮

⑦**風神廟**：廟內除了供奉風神，兼供雨神，以期風調雨順。位於東門城內。今已不存。

⑧**城隍廟**：在縣署左方，約莫今天的恆春國小舊址，目前廟已不存，城隍神改奉於西門附近的廣寧宮。

⑨**福德祠**：土地公廟，由當時的居民所捐建。近年因被判為違建，目前已拆除。

⑩**三山國王廟**：就是現今西門的廣寧宮，寺廟倚著猴洞山岩壁而建，廟內除了供奉三山國王之外，還有城南城隍廟拆後移奉於此的城隍神。

⑪**白龍庵**：由當時的恆春營官兵所合建。在南門城內。今已不存。

⑫**五龍君王廟**：在南門的客人街（今中山路）上。今已不存。

⑬**觀音廟**：現改建成清水巖。

3 看東門城牆

恆春城是台灣唯一一個居於國防考慮所建築的城池，四座城門不論構造或尺寸大小都相近。由於台灣境內當時不產巨杉、陶瓦，築城的材料都得從大陸轉運而來，可見工程之浩大。

現在就由保留最完整的東門，來看看恆春城城樓可能的原貌。

今日的東門

正屋： 屋頂為「單簷歇山單脊燕尾」，屋瓦是一般的板瓦，為台灣城樓中絕無僅有的範例，現已改為筒瓦。

慢道： 城堡登上城台的一段斜坡，以礫石砌成。

馬道： 人、馬在城上巡視、通行的道路。

恆春城東門的城牆

城壁： 兩側皆為版築三合土夯築，三合土是由糯米糊、蔗糖漿、蠣殼灰攪混而成，再在外表抹上灰漿，中間填土。「夯」是擊打使之密實的動作。以兩片側板圍夾土壤，每隔數十公分夯實一次，即古老的築牆技術「版築法」。牆體的水平線為夯築痕跡。

抱慶：指的就是城
樓凸出的四柱亭。

門額：石材均為玄武岩，字
體陰刻，以砫砧灰漿飾框。

雉堞：雉堞對於城樓的作用，
大都為了防禦，事實上它讓
城樓看起來顯得活潑。

砲座：是由卵石疊砌
、中間填土而成，連
接著雉堞與城牆。砲
台上有四門大砲，大
砲基座鋪有花崗石，
是為了承受砲火的後
座力。

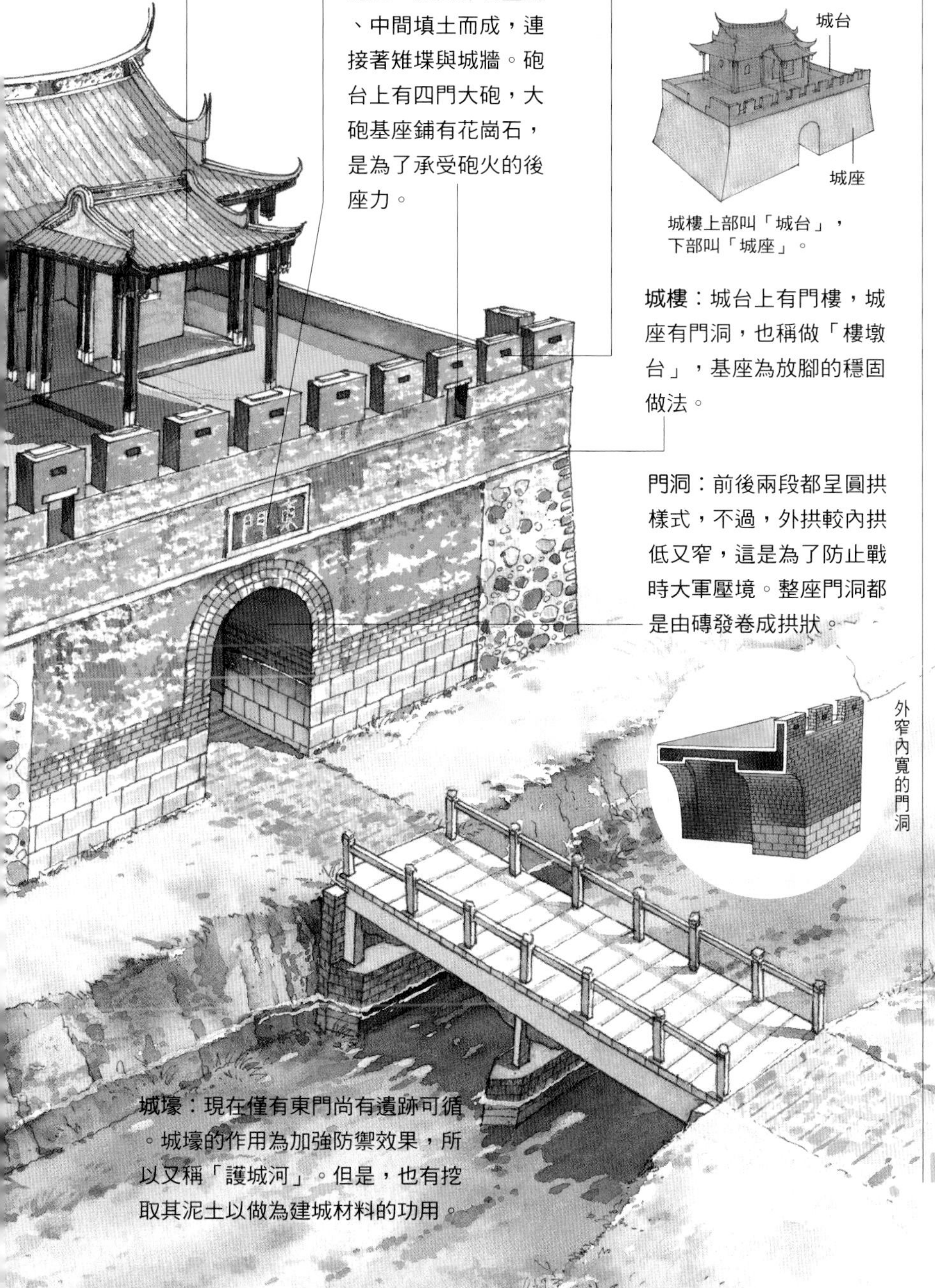

城台

城座

城樓上部叫「城台」，
下部叫「城座」。

城樓：城台上有門樓，城
座有門洞，也稱做「樓墩
台」，基座為放腳的穩固
做法。

門洞：前後兩段都呈圓拱
樣式，不過，外拱較內拱
低又窄，這是為了防止戰
時大軍壓境。整座門洞都
是由磚發卷成拱狀。

外窄內寬的門洞

城壕：現在僅有東門尚有遺跡可循
。城壕的作用為加強防禦效果，所
以又稱「護城河」。但是，也有挖
取其泥土以做為建城材料的功用。

2 出火

　　由東門出恆春城，城外的屏200縣道直通佳樂水方向。出城不久，就在公路左側，只見從一處柵欄圍成的大圈圈裡，不斷冒出火花的「異象」。這種完全出自大自然手筆的景觀，到了晚上更變成一場「火舞」，絢麗無比。也因此這裡地名便叫「出火」。

　　「出火」的火焰終年不滅，仔細聞起來，有一股瓦斯的味道，出火口有多處，甚至拿起樹枝就地挖掘的話，就會有另一股新的火焰竄起，隨著一陣陣風起，朵朵火花還會沿地奔跑。

為何會「出火」？

　　「出火」，顧名思義是從地底下冒出火焰，真正的成因還不清楚，以下是形成過程的推測：

　　①古湖泊堆積泥層：十幾萬年前恆春縱谷陷落，現今恆春鎮以南原是一片湖泊，湖底滿是泥層。許多湖邊或水生植物的遺骸，堆夾在湖底泥層之中，經細菌分解之後，產生了大量的沼氣。

　　②沼氣沿斷層噴出：這些沼氣沿著斷層湧出地表，遇火便形成了「出火」的景觀。

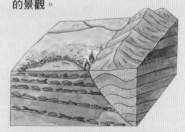

夜晚的「出火」更顯得美麗

墾丁地區

導覽篇4

從遇見綿長的沙灘
——南灣開始，
進入洋溢著熱帶風情的墾丁。
一望無際的蔚藍大海，
波浪以活潑的節奏，
不斷拍打著岸邊的珊瑚礁；
起伏有致的綠色丘陵，牛羊三三兩兩，
漫步在草原上；迷宮般的礁岩森林，
熱帶植物蔥蔥鬱鬱，蘊藏了多少奧祕……

117

特約撰述／陳育賢（潮間帶生物部分）

墾丁地區的故事

墾丁地區是指台灣尾的兩個岬角——貓鼻頭及鵝鑾鼻所圍夾的中間地帶，西起南灣海水浴場，東至鵝鑾鼻岬角西面的砂島。在這個範圍內，陸地部份是一片青翠、坡度平緩的石灰岩台地，其間夾雜著數座聳立的外來岩塊，姿態獨特；海域部份則是所謂的「大南灣」，屬於巴士海峽的一部份，沿海有多處內凹的小海灣，形成一片片潔白美麗的沙灘，鑲嵌在濱海珊瑚礁之間。

墾丁牧場

歷史背景：光緒 3 年（1877），當時這裡仍屬一片曠野，招撫局自廣東潮州招募壯丁來此開墾，於是有「墾丁」之名。由於此地乾燥多風，不適合農耕，1904年日人便在緩坡地帶闢設了許多牧場，成為「恆春種畜支所」的所在地；較高處的台地則設為熱帶植物園，還將香蕉灣一帶僅存的海岸林，劃設為「天然紀念林」。

香蕉灣海岸林

此外，大南灣沿岸因有黑潮流經，冬季時吸引了不少鯨魚，因此在日治時代，南灣是重要的捕鯨基地，光復後移轉到香蕉灣。

光復後，熱帶植物園闢為墾丁森林遊樂區，加上廣闊的牧場風光及沿岸的白色沙灘，墾丁一躍成為著名的觀光據點。為服務旅遊人潮而興起的旅館及餐廳，也集中於此，呈現一片繁華熱鬧的景象。

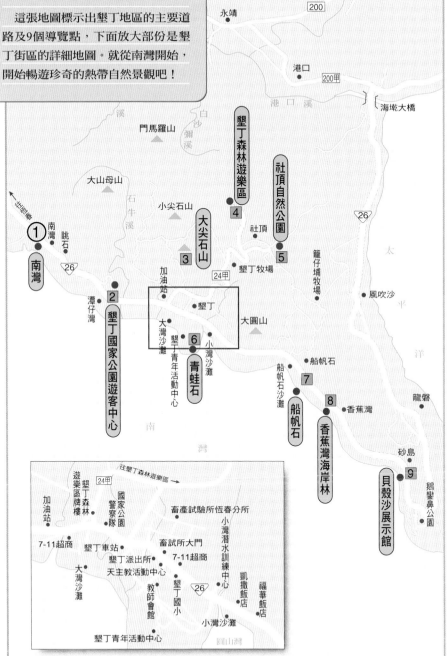

墾丁地區導覽地圖

　　這張地圖標示出墾丁地區的主要道路及9個導覽點，下面放大部份是墾丁街區的詳細地圖。就從南灣開始，開始暢遊珍奇的熱帶自然景觀吧！

墾丁地區

1 南灣

（地圖標示）龍鑾潭　往恆春　瓊麻工業歷史展示館　26　南灣海水浴場　南灣

經過恆春鎮，沿著26號省道往南走，經過核三廠後轉個大彎，就抵達了南灣。

南灣，可說是恆春半島最熱門的遊憩景點，這裡的沙灘沙粒潔淨、柔細，是非常受歡迎的海水浴場。每逢假日，這裡總是擠滿遊客，或玩沙灘排球、游泳、浮潛、戲浪，或是作沙浴、日光浴，熱鬧非常。

沙灘東南側是珊瑚礁海岸，退潮時裸露出的一大片裙礁是觀察潮間帶生物的最佳自然教室。由於地形平緩、海流平穩，延伸入海的珊瑚礁，可以進行浮潛活動，建議找家登記有案的潛水店，並在領有潛水執照的教練帶領下入海。

南灣往昔：古稱「大板埒」，是台灣捕鯨業的發源地。1913年，日本引進捕鯨技術，在此興建工廠及簡易碼頭，加工處理捕獲的鯨魚。戰後，大板埒才改名為南灣。

站在南灣沙灘上往南望，可以看到兩旁的海岸線往左右迤邐延伸，右到貓鼻頭，左達鵝鑾鼻，形成一個約20公里長的大海灣。「南灣」，最早指的就是這個大海灣，後來也成了大板埒村落的新名字。

核三廠：南灣西側兩個醒目的圓頂建築體，就是台電第三核能發電廠的兩座發電機組。核三廠在墾丁國家公園設立前就已蓋成，雖然對民生、工業供電發揮了極大功用，然而，輻射的威脅以及大量熱廢水的排放，對海洋生態環境所造成的影響卻引起很大的爭議。

捕鯨歲月

日治時代，東洋捕鯨株式會社曾在大板埒設立捕鯨據點。每年12月下旬，會有兩艘捕鯨船從日本來到南灣海域，在鵝鑾鼻附近捕抓隨著黑潮出現的洄游性鯨魚，整個捕鯨作業一直持續到翌年4月上旬，所捕獲的鯨魚包括座頭鯨、抹香鯨以及長鬚鯨，其中又以座頭鯨的數量最多。光復後，捕鯨加工基地移到香蕉灣。後因國際間保育聲浪的高漲，台灣捕鯨業在1981年宣告結束，走入歷史。

日治時期的捕鯨據點——大板埒

1 親近沙灘

南灣沙灘是由來自海洋的生物殼體以及溪流攜帶的泥沙所組成，由於沙粒中的生物殼體比例較高，且其成份為白色的碳酸鈣，因此沙灘呈現潔淨的黃白色，異於台灣其他地區的沙灘。可以抓一把沙粒，感覺一下沙的潔淨與柔細。

海灣地形的形成：鵝鑾鼻海岬形成之後，中央山脈沿著恆春斷層向西推擠，迫使西台地抬升出海面（形成 ▷ P.73），因此在現今南灣的位置形成海灣地形。

沙灘的形成：南灣鄰近的淺海中生長著許多珊瑚、貝類、浮游生物……等海洋生物，這些生物死後留下不被分解的碳酸鈣骨骼，然後被風浪打成碎片形成細沙，即是俗稱的「貝殼沙

南灣的海灣地形堆積出沙灘

」。當沿岸海流、波浪帶著這些細沙流進海灣時，搬運力量變小，細沙便逐漸沉積在灣岸上，再加上南灣附近的溪流搬運著泥沙在河口處堆積，兩相作用之下，沙灘逐漸形成。這也是恆春半島沙灘多位於海灣及河口處的原因。

恆春半島大部分的沙灘都是由生物的殼體所組成，主要成份為白色的碳酸鈣，因此均是美麗的白皙沙灘，與台灣其他地區的沙灘極為不同。

夏季人潮洶湧的南灣海水浴場

2 認識珊瑚礁石

隆起珊瑚礁平緩延伸入海後，便是珊瑚生長、聚集的溫床，各式各樣的海底生物在此覓食、生活，共同造就絢麗的海底生態景觀。不妨找家信譽可靠的潛水店，潛入海底欣賞海底美麗的奇景。

如果不下海，也可在潮間帶尋覓生

注意：墾丁國家公園嚴禁捕捉魚類，採撈珊瑚、貝類等，違反者將依違反國家公園法予以起訴。

長其間的珊瑚（↻圖鑑 P.131）；或在岸上撿拾幾塊礁石，仔細觀察它的形狀及紋路，這些都是珊瑚所留下來的骨骼，造物者最美麗的傑作！以下就來介紹幾種岸邊常見的珊瑚礁石。

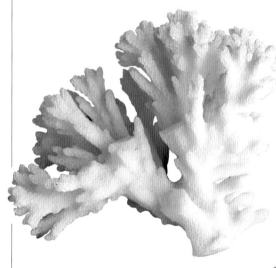

鹿角珊瑚： 分枝狀的礁塊，表面上密佈著小孔，每個小孔都是每隻珊瑚蟲生長的地方。

細枝鹿角珊瑚（↻圖鑑P.133）

角星珊瑚： 團塊狀的礁石，表面紋路由無數個多角形的凹窩所組成，狀似蜂窩。

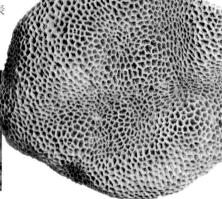

角星珊瑚（↻圖鑑P.132）

藍珊瑚：礁塊通常為柱形分枝狀，因含鐵質，故呈藍色；礁石表面平滑，密佈無數小孔。

藍珊瑚（➪圖鑑P.137）

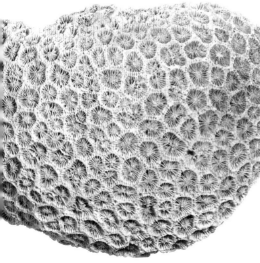

菊珊瑚：團塊狀的礁石，表面上的凹窩為圓形，環狀排列的小骨片在凹窩中央輻輳成一凸點，宛如一朵盛開的菊花。

菊珊瑚（➪圖鑑P.135）

腦紋珊瑚：呈半球形或不規則的團塊狀，表面有許多彎曲的紋路，「腦紋」即因其紋路而得名。紋路之間的凹孔就是珊瑚蟲生長的地方。

腦紋珊瑚（➪圖鑑P.132）

珊瑚如何成礁？

海底有如花朵般的珊瑚，是由難以數計的小珊瑚蟲聚集組成。別小看這些細小的珊瑚蟲，珊瑚礁就是牠們形成的，而且造就了恆春半島一大片的石灰岩地層（⇨P.26）……

②受精卵孵化為幼蟲：卵與精子在海中結合為受精卵，然後孵化成幼蟲在海中漂浮。

①珊瑚產卵：每年春末夏初，珊瑚會集體在 3～6 天內一起排出精子與卵。此時的海底就如繁星密佈的星空，相當壯觀。

③幼蟲固著：當幼蟲遇到合適的生長環境與基底，就會沈降、固著，然後長成完整的珊瑚蟲。

⑤形成珊瑚礁：珊瑚蟲死掉後會留下碳酸鈣骨骼，新的珊瑚蟲就在上面繼續生長，新的碳酸鈣骨骼與舊的連結，日復一日，累積的碳酸鈣便形成了珊瑚礁。

④行無性生殖：成熟的珊瑚蟲利用分裂或出芽生殖，分裂出新的珊瑚蟲。就這樣，珊瑚蟲的數量日益增加。

在海中集體產卵的珊瑚

3 觀察潮間帶生物

南灣沙灘東南側一大片的隆起珊瑚礁海岸，有相當寬廣的潮間帶環境，一旦退潮，凹凸不平的珊瑚礁便出現一坑坑大小不一的潮池，各式各樣的潮間帶生物就生長其間。可以選個退潮時刻在此觀察，並對照著圖鑑一一辨識（ ⇨ 圖鑑 P.113），仔細地觀察牠們在潮間帶生活的本領——

了解潮間帶環境

受到潮來潮往的影響，潮間帶有時會被海水淹沒，有時暴露於空氣中，環境變化相當劇烈。潮間帶的寬度雖然不大，但因為每個區域被海水覆蓋的時間都不一樣，因此仍能依據乾旱程度、海水衝擊的程度而細分為幾種棲地類型，棲息其間的生物種類也明顯有所不同——

高潮線附近：「高潮線」是海水漲到最高的地方，被海水淹沒的機會很少，許多時間都在陽光的曝曬下。因此，生活其間的生物必須非常耐旱，例如絲擬藻，或是在礁石上覓食的海蟑螂。

低潮線附近：「低潮線」是海水退到最低的地方，最常面對海浪的拍打、衝擊。生活其間的藤壺會緊緊固著在礁石上，用以抵抗湧浪的衝擊。仙掌藻的體內則有碳酸鈣，可以增強硬度抵抗海浪。

潮間帶：是高潮線與低潮線之間的區域，每天必須面臨海水漲、退潮時兩種截然不同的環境。螺類堅硬的外殼可以防止退潮時的乾燥和敵人的捕食。比較耐乾熱的海藻，像是石蓴、布氏藻，由於可以短暫地暴露在空氣中，所以可以安然度過退潮時期。

潮池：是退潮後還蓄積有水的水池。不耐旱的魚類、珊瑚、海葵等等，可以在潮池中暫時避過乾旱。

海岸地形剖面圖

高潮線

潮池

潮間帶

低潮線

退潮時,潮間帶所裸露的區域最寬廣,可以觀察到更多的潮間帶生物。農曆28日至3日以及13至18日是大潮的時候,在墾丁海域,大約在中午及午夜前後海水會退到最低,而且每天要比前一天大約延後48分鐘。每日的潮汐變化時間表,可以在報紙、漁具店或潛水中心取得。

辨識潮間帶生物

生活在潮間帶的生物必須具有某些特殊的本領,才能夠生存其間。發現生物時,先靜靜觀察數分鐘,看看牠的行為以及棲息環境,然後再仔細觀察外型與特徵,利用圖鑑查詢生物的種類及名稱。(➪圖鑑P.113)

魚:為了適應環境,大多體型變得較小,以利於躲入岩縫中避敵。有些身體變得扁扁的,以減少水流的阻力,且會分泌黏液,避免磨擦到岩石而受傷。

體色模擬周遭環境的石狗公

有些魚類長得像石頭或藻類,不易被天敵發現。有些還具有毒刺。

螺:大多具有堅硬的外殼和強而有力的腹足,可以緊緊吸附在岩石上,以抵抗湧浪的沖擊、退潮時的乾燥和敵人的捕食。大多數的螺類都具有保護色或是擬態成岩石,少數具有鮮艷的警戒色,警告大家:「不要來惹我!我是有毒的。」

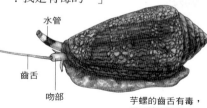

水管
齒舌
吻部

芋螺的齒舌有毒,用以捕食獵物。

藤壺:身體外圍有鈣質殼板的保護,暴露於空氣時,可以緊閉殼板防止身體水份的散失;當淹沒於海水中時,藤壺就會伸出羽狀的附肢,在海水中捕食浮游生物。

海水中的藤壺伸出附肢來捕食

蝦:大多具有強壯的腹肌和扇狀的尾部,遇敵時可以迅速後退逃命。

螃蟹:具有堅硬的外殼、大螯、刺棘及長腳,以抵禦敵害,也會躲在岩縫中以免被海浪沖走。萬一不幸被滾動的岩石夾住附肢時,就會很快地切斷自己的附肢逃生,同時還能迅速封住傷口,以免流血過多而死亡。螃蟹

逐漸長出新附肢的斷腳螃蟹

具有再生本領，斷掉的附肢可以在下次脫殼時重新長出。

陽燧足：白天躲在石頭底下或者是岩縫之間，只露出腕足來捕捉食物，遇到天敵時，其足腕極易折斷，亦具有相當良好的再生能力。晚上會出來活動、覓食。

寄居蟹：大部分的寄居蟹腹部是柔軟的，因此必須藉著螺殼來保護身體。隨著身體的長大，寄居蟹必須不停地選擇適當的螺殼來藏身避敵。

鈣質化的頭胸甲

膜質化的腹部

寄居蟹的外部形態

海膽：常用堅硬的刺棘和口器來挖洞以藏匿其間，也會利用刺棘抵住洞壁，抗拒獵食者的捕食。

海參：身體柔軟、行動緩慢，自有一套對付天敵的本領。有些海參體內會噴射出黏稠、堅韌的絲狀物將對方纏繞，例如蕩皮參。有些則是排出體內的內臟

海參會噴射黏絲驚嚇敵人

藉以轉移敵人的注意力。

星蟲：會分泌酸性的物質，將石灰岩溶蝕成各種孔洞，然後藏身其中。

海藻：春天的氣候溫和，海藻也正是長得最茂盛的時候。生長在珊瑚礁海岸的海藻中，以綠藻的石蓴類比較能夠忍受乾熱，所以能夠生長在海水比較浸泡不到的潮間帶中部

僅存碳酸鈣骨骼的乳節藻

。褐藻類的馬尾藻和團扇藻比較堅韌，所以能夠生長在湧浪較大的低潮線附近。紅藻類的乳節藻固著在低潮線附近及淺海中，由於體內有許多碳酸鈣，除可增強硬度抵抗海浪外，又可防止魚類吃食。

墾丁地區

> **觀察注意事項**
>
> ①請記得攜帶遮陽帽、手套、防滑鞋、長褲、長袖衣服、防曬油，可以避免曬傷及受傷。
>
> ②進行潮間帶生物觀察時，宜選擇風小的區域，因為水上的波紋會影響觀察水下生物的視線。
>
> ③觀察時，盡量踩在大塊、堅固的礁岩上，避免毀壞珊瑚礁岩。翻動過的石塊要隨手翻回原處，因為這些礁石可能是某些生物的遮蔽所或棲息處。
>
> ④特別注意的是：在國家公園內不可任意捕捉、傷害動物。

2 墾丁國家公園 遊客中心

恆春鎮墾丁路596號

墾丁國家公園管理處的遊客中心，提供了許多豐富的展示解說資訊，在這裡可以瞭解墾丁國家公園的自然、人文資源，以及各景點的位置。所以，如果在進行深度旅遊時，能到遊客中心一探究竟，可為這次旅遊提供許多知性的材料。

遊客中心開放時間為早上8點40分至下午4點50分，除了除夕休假之外，全年無休。（☎P.268）

簡介廳：這裡有許多導覽益智遊戲設施，包括電視牆、電腦遊戲、聲音劇場等，皆以墾丁的環境為主題，可藉由參觀遊戲來瞭解墾丁國家公園的特色。

資源展示廳：是遊客中心的重心所在，彙集許多專家學者的研究結果，將墾丁國家公園內的地質、植物、動物、海洋及人文歷史等主題，透過幻燈片、標本及立體造景呈現出來。除了有許多精美、解說詳細的照片之外，特別不可錯過的是各種深海沈積生痕化石、鳥類標本等，皆是研究者費心蒐集、精心製作而成。

幻燈多媒體放映：自早上8點40分起每隔50分鐘，在簡報室以幻燈多媒體、電影片，介紹各種生態資源。

導覽解說：20人以上的團體（自備交通工具），可函至墾管處解說教育課，預約解說服務。函中要註明參觀團體名稱及人數、參觀日期、預定參觀行程、抵達及停留時間等。

3 大尖石山

公園路大溪巷

石牛溪 / 墾丁國家公園遊客中心 / 大尖石山 / 加油站 / 26 / 墾丁森林遊樂區牌樓 / 墾丁

沿著墾丁路續行，左方視野中，寬闊草原上一座突立陡峭的尖形山，那正是墾丁國家公園的地標——大尖石山。

進入國家公園牌樓約0.5K處，循左邊岔路「公園路大溪巷」左轉，便來到大尖石山山腳下。周邊大片的青青草原，是已近百年的牧場。這樣的畫面印在許多介紹墾丁的書籍或相關紀念品上，無疑的已成為墾丁的代表性景觀。

大尖石山：是恆春半島上典型的「外來岩塊」（形成 ◇P.72）。標高318公尺的它，雖然算不上高山，但突立於四周平緩的坡地上，非常明顯。在墾丁一帶，只要視野良好的地方幾乎都能看見這座惹人注目的山頭；從不同的角度觀看，它又會呈現出各種不同的風貌。

牧場風光：大尖石山下的牧場隸屬於畜產試驗所恆春分所，放牧的牛馬，三三兩兩，悠閒徜徉，有的低頭吃草，有的停步反芻，還有許多小鳥整年在這裡舉行歌唱擂台。秋日時，乾草包一綑綑一方方散置在大草原上。藍天白雲下的這幅牧野風光，是恆春半島最美麗的景觀之一。

畜試所恆春分所：創立於的1904年，除了在墾丁路上含有圈養部份的辦

大尖石山是墾丁國家公園的地標

公區之外，牧場範圍包括墾丁海濱，大、小尖石山四周、大圓山山下及籠仔埔等地，佔地達 1,149 公頃，以培育改良和研究牛、羊為主，並育有少數馬匹和牧草種植推廣的工作。1982 年，台灣第一頭試管牛就是在此誕生。恆春分所目前尚自產自銷冷凍牛排、牛肉乾、小饅頭，遠近馳名，但限量供應，想要品嚐還得趕早。

恆春分所除消費合作社外，平時並不對外開放參觀，前往時應先聯絡。

橫看成嶺側成峰

造形獨特的大尖石山，經過差異侵蝕，造就出三面絕壁、一面陡坡的奇景，呈現出「橫看成嶺側成峰」的趣味，所以有許多稱呼如「大石坪」、「大石板」，也有「南部大霸尖山」的美譽。以下就來看看大尖石山的萬種風情。

從墾丁公園觀海樓看大尖石山

從鵝鑾鼻看大尖石山

從墾丁看大尖石山

4 墾丁森林遊樂區

●見旅遊記事地圖246頁

墾丁森林遊樂區（又稱墾丁公園）是港口溪以南最大的森林園區，保留了大片原始的高位珊瑚礁植群，並有形成不易的石灰岩溶洞，相當值得深入探訪。

這裡也是做森林浴的好地方，在此不妨放慢腳步，享受清新的空氣和環境。森林中藤木交錯，濃蔭遮天蔽日，即使是烈日高照的夏天，仍是翳鬱陰涼；聽輕風拂過葉片，和著淺淺的蟬鳴，這番清涼恬靜，令人陶醉。

墾丁森林遊樂區是全台第一座熱帶植物園。1906年，日人為了研究熱帶植物在醫學和經濟上的作用，在此引進許多熱帶植物，並成立「恆春熱帶植物殖育場第三號母樹園」，光復後定名為「恆春熱帶植物園」，名列世界10大熱帶植物園之一。1968年撥出其中一部份劃為「墾丁森林遊樂區」，並分為第一、第二兩區，交由林務局管理；其他則是以研究和保育為主的第三區，由林業試驗所管理，已劃為自然保留區，不開放遊客參觀。

來到這裡，不妨先做以下的整體認識，再循著導覽地圖，蜿蜒穿梭於珊瑚礁岩及林木之間，分站尋訪。

墾丁地區

漫步在濃蔭遮天、攀藤交錯的森林中，充份體驗熱帶的氣息。

131

墾丁森林遊樂區的特色

要暢遊墾丁森林遊樂區，不妨先對這裡的地形景觀、原始森林等特色做一番瞭解：

特色 1：難得一見的石灰岩溶洞

墾丁森林遊樂區中最為人津津樂道、嘆為觀止的，莫過於珍貴的「石灰岩溶洞」了！（⇨P.142）

石筍寶穴是最著名的石灰岩溶洞

整座森林遊樂區位處恆春半島上最古老的「墾丁石灰岩台地」上，其海拔高度也居首位，約 300 公尺。全區珊瑚礁岩遍佈，厚達 100 公尺以上，它們原是約數十萬年前生長於淺海的珊瑚礁，經地殼的擠壓作用，才被抬高形成石灰岩台地。

石灰岩溶洞與鐘乳石：地下水沿著石灰岩的裂隙，逐漸溶蝕而擴大形成「石灰岩溶洞」，洞中還會沈澱出石筍、石柱等「鐘乳石」。放眼全台，本區的石灰岩溶洞實屬國家級地形景觀，最值得前往一探奧秘，包括石筍寶穴、仙洞和銀龍洞。

峽谷：珊瑚礁岩之中有時會出現陡直的狹窄裂隙，行走其間，其逼人的氣勢往往令人產生「峽谷」的錯覺，例如一線天、第一峽和垂榕谷等。

特色 2：融合三種森林特色

這裡的森林以高位珊瑚礁植群為主，但在溫度、雨量及地形等因素的綜合影響下，還兼容了熱帶雨林、熱帶季雨林的生態現象。

高位珊瑚礁植群：珊瑚礁成份特殊、土壤稀薄，特別能適應這種土地的植物共同組成「高位珊瑚礁植群」，例如白榕、咬人狗、毛柿、茄苳等（⇨圖鑑 P.7），在白榕區、棲猿崖附近可見。

熱帶雨林現象：此地氣候終年炎熱、雨量豐富，屬於熱帶環境，可見到熱帶雨林獨有的生態現象，例如榕類植物的纏勒、絞殺、氣根、支柱根及板根等，在白榕區及銀葉板根兩站可仔細觀察。

熱帶季雨林：雖然全年總雨量豐富，但冬天是明顯的乾季，部份樹種在此時會落葉來因應，例如無患子（⇨圖鑑 P.41）。冬季時登上觀海樓俯瞰，即可見到零星的落葉樹散佈在樹海中。

高位珊瑚礁的林相

北

墾丁地區

墾丁森林遊樂區導覽地圖

　　墾丁森林遊樂區分為第一、第二區，入口至觀海樓為第一區，路面較寬廣平坦，有最富盛名的石灰岩溶洞——石筍寶穴，此外可看到一大片白榕的「一樹成林」現象；第二區則有較原始的高位珊瑚礁植群，以及許多珊瑚礁裂隙形成的峽谷，如第一峽、一線天、垂榕谷等。整個園區走一圈，約需3小時。

第一峽・一線天 ⑦

樓猿崖 ⑥　廁所

迷宮林・垂榕谷 ⑧

銀葉板根 ④

仙洞 ⑤　廁所　觀海樓 ⑩　銀龍洞 ⑨

廁所

石筍寶穴 ③

白榕區 ②　遊客中心

毛柿林 ①　茄苳巨木 ⑪

管理所

① 毛柿林

⇨圖鑑P.28

從管理所旁的柏油路進入，左邊一片人工栽植的毛柿林，可就近認識這個高位珊瑚礁植群的指標植物。

毛柿：俗稱台灣黑檀，它的生長速度很慢，而樹幹質地異常堅硬，可做成品質極佳的木劍、手杖、飯匙或筷子等工藝品，是極富經濟價值的熱帶植物。

毛柿林在夏季時結實纍纍

② 白榕區

⇨P.139、圖鑑P.36

白榕的樹幹灰白光滑，因而得名；其葉子前端特別尖，很容易辨認。白榕有幾種特殊的生態習性，極能適應高位珊瑚礁的環境，是墾丁森林遊樂區內最有特色的植物。仔細觀察白榕的姿態，枝幹狂放地往四面八方伸展，好像許多靈動的手臂；一碰到別的樹木，不由分說即附身上去將之「纏勒」、甚至「絞殺」至死；密密麻麻的「氣根」，有的懸在半空，有的觸地長成粗壯的「支柱根」，望去彷彿樹幹林立的一片樹林。

「纏勒」、「絞殺」和「氣根」、

白榕樹幹灰白，氣根發達並形成支柱根

「支柱根」，正是典型的熱帶雨林生態現象。

③ 石筍寶穴

⇨P.142

這是一個典型的石灰岩溶洞，深約8公尺，洞口有一根高約5公尺的巨大「石筍」相迎，名為「石筍寶穴」，果然名不虛傳。

高約5公尺的石筍

注意：石鐘乳、石筍等石灰岩，若經人手觸摸則常因汗水油漬而造成傷害，請多用眼望，勿用手觸，以保原貌。

石筍，顧名思義，是狀似從地上冒出來的石頭。不過，這高大石筍是由洞內富含碳酸鈣的水，一滴一滴滴落地面、再沈澱凝聚而成的，非歷經數萬年無法成形，實是彌足珍貴。洞內另有許多鐘乳石自洞頂懸垂而下，晶瑩美麗。

4 銀葉板根

圖鑑P.41

銀葉樹是海岸林的樹種之一，果實藉漂浮海上而傳播。這棵銀葉樹的年齡已超過400年，最吸引人的地方就是樹幹底部的巨大板根，像屏風般挺立，十分特殊。此外，果實及葉子也十分特殊，不妨仔細觀察。

板根：是熱帶雨林特有的生態現象。熱帶地區雨水沖刷強烈，因此土壤稀薄，加上冬天的強烈季風吹襲，植物為了站穩，因此突出長長的板狀構造，既可擴張抓地面積，又可吸收地面的空氣，所以板根有支撐及呼吸兩種功能。

果實：外殼堅硬，故可保護內部種子，又因中空體輕，故可漂浮在海面上，藉由海流傳播，因此銀葉樹也屬於海岸林的成員之一。

葉子：翻開葉子仔細瞧瞧，葉背呈現銀白色，這是大量的銀白色「鱗片」聚集而成，在陽光照射下銀光閃閃，難怪被稱為銀葉樹了。鱗片最大功用就是防止水份過度蒸發，在陽光強烈的熱帶地區，它可是植物的一大幫手。

銀葉樹的巨大板根，有支撐及呼吸功能。

5 仙洞

▷P.142

仙洞是大塊珊瑚礁岩裂開所造成的，呈倒V字形，長137公尺，是台灣最長的珊瑚礁岩裂隙。洞內岩壁上有細緻的紋路，有些形似仙翁，故稱「仙洞」。這些紋路都是雨水流過珊瑚礁岩，在表面溶蝕或沈澱碳酸鈣造成的景觀。

出了仙洞後向左轉，即通往林相較為原始的第二區。

仙洞內壁上有許多細緻的石灰質紋路

6 棲猿崖

進入第二區首先來到棲猿崖，這是高約20公尺的陡峭珊瑚礁，鄰近第三區（自然保留區），人為干擾較少，因此崖頂時有台灣獼猴棲息。

台灣獼猴：除了人類之外，台灣獼猴是本土產的唯一靈

棲猿崖環境較自然而隱密，時有獼猴活動。

長類動物。早晨及傍晚是覓食時間，但牠們多在樹林中上層活動，不容易見到；一旦覺得有危險，即發出「喀…喀…」的警戒聲通知族群中其他夥伴。除了聽猴啼之外，走在步道上也許會看到「排遺」（糞便）。台灣獼猴常以榕果為食，因此排遺中含有許多榕類種子。

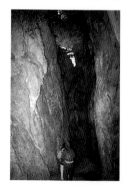

台灣獼猴

高位珊瑚礁植群：從棲猿崖到第一峽沿途的森林多半由高位珊瑚礁植群的優勢樹種組成，例如咬人狗、毛柿及茄苳。森林中灌叢及藤蔓錯落，例如莎簕竹、印度鞭藤等，纏繞茂密使人畜無法通過；空氣略帶腐悶的味道，潮濕而繁茂，這正是熱帶森林的特徵。（可對照圖鑑辨認植物）

7 第一峽、一線天

▷P.143

第一峽與一線天都是高達十餘公尺的珊瑚礁裂隙，寬僅容兩人並肩而過。第一峽較寬，峽壁上蔓藤植物交錯，人行其中十分陰涼。一線天則隘道高深，非到正午不見日頭，自裂隙上望，只見一線陽光自此下洩，故稱「一線天」。峽

第一峽的入口

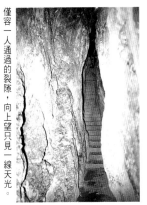

僅容一人通過的裂隙，向上望只見一線天光。

頂樹叢除了有小鳥停棲之外，或可瞥見松鼠沿枝越過峽頂。走在峽谷中，不妨細細感受不同的光線、溫度與聲音。

生長在高處岩壁的白榕，垂下瀑布般的支柱根。

迷宮林、垂榕谷

迷宮林是榕樹繁多的支柱根所造成的特殊景觀，氣根從枝幹往下垂直生長，一旦落地就快速「增肥」，和主幹無異，有如樹林。穿梭在眾多支柱根之間，饒富趣味。

垂榕谷是一個寬大如谷地的珊瑚礁裂隙，這裡最明顯的景觀，就是一株

白榕高達十幾公尺的支柱根，從岩壁頂垂下來，十分壯觀。支柱根可以吸收水份、養份，還有穩固的作用，使植物可以牢牢的攀在礁岩上。

經過垂榕谷，登上岩壁旁的階梯，向左走可通往下一站。

迷宮林中密密麻麻的白榕支柱根

⑨ 銀龍洞
⇨P.142

抵步道轉彎處，留意左側，有銀龍洞的出入口。銀龍洞也是珊瑚礁岩裂

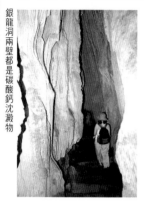

銀龍洞兩壁都是碳酸鈣沈澱物

隙，長約30公尺，最窄處僅容一人通過，因兩側岩壁貼滿閃亮的碳酸鈣沈澱物，狀如龍鱗，故稱「銀龍洞」。

⑩ 觀海樓

觀海樓高約27公尺，是恆春半島最高的眺望點，可說是登高一望、縱覽全局，只是白色建築突出於樹冠頂層，在全面綠意中看來不免有些突兀。

往南遠眺：可見鵝鑾鼻和貓鼻頭兩大岬角，這就是台灣最南端的兩個尾巴，夾在中間的是南灣；海濱的青蛙石、最突出的大尖石山，則是墾丁地區的外來岩塊（⇨P.72）。

往南遠眺　鵝鑾鼻　大圓山　貓鼻頭　大尖石山　小尖石山

往北遠眺　大尖石山　大山母山　門馬羅山　小尖石山　老佛山

往北遠眺：可見大山母山、小尖石山及門馬羅山，它們也是外來岩塊。往下看則是高位珊瑚礁的林相，一直鋪展到遠處的滿州鄉。

⑪ 茄苳巨木
⇨圖鑑P29

茄苳是台灣鄉土常見的樹，樹幹顏色暗紅，上面有突起的「樹瘤」，很容易辨識。這棵巨木樹齡約300年，它的姿態十分奇妙：根及樹幹攀附在一塊珊瑚礁上，樹幹中間已經蛀空，幸好吸收水份與養份的組織都環繞在樹幹外圍，因此仍能存活。

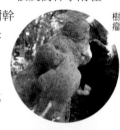
樹瘤

華蓋亭亭卻樹幹中空的茄苳巨木，流露出一股蒼勁的味道。

1 看白榕「一樹成林」

熱帶地區潮濕多雨，土壤流失得很快；尤其是珊瑚礁的土壤層更是淺薄。榕類植物正好可以在這種淺土、礁岩裂隙中生存，其中，以赤道為分佈中心的白榕，發揮支柱根、纏勒與殺等工夫，充份擴張地盤，最後「一樹成林」，令人嘖嘖稱奇。下頁就是白榕「一樹成林」的過程。

榕樹家族身分證

在恆春半島上有許多榕樹家族的成員，從海邊到內陸山地，都遍佈它們的蹤跡。除了白榕以外，其他成員有：山豬枷、鵝鑾鼻蔓榕、大葉雀榕、糙葉榕、幹花榕（⇨圖鑑 P7）等。

生為同一個家族，當然具有共同的血緣，檢查它們的「家族身分證」，就可鑑定出來了！

桑科榕屬的特徵

①有隱頭花果（榕果）：榕屬植物都具有結在枝幹上的隱頭花果，這種「幹生花」是熱帶植物特有的現象。

剝開隱頭花果一看，密密麻麻的小花被膨大的花托包起來，稱為「隱頭花序」，靠著裡面四處爬行的「榕果小蜂」傳粉。隱頭花受粉後結成果實，稱為「隱頭果」。隱頭果不僅是獼猴、松鼠及鳥類的主食，人們也拿它當零嘴，就是「無花果」。

②有「托葉環痕」：榕屬植物的葉子幼小時，兩旁有「托葉」保護著。葉子長大後，托葉就會掉落，而在莖上留下一圈環狀的跡，稱之「托葉環痕」。

幼芽

托葉

托葉環痕

隱頭果

花托

種子

隱頭果縱剖圖

③有白色乳汁：樹皮、小枝或葉柄若受傷，會流出白色汁液。

①種子傳播：鳥兒糞便中未消化的榕果種子，排放在珊瑚礁上。

②發芽：藉礁岩縫隙內堆積的少許土壤生根發芽。

③鑽入岩隙：根部分泌酸性物質溶蝕珊瑚礁，於是可沿著礁岩表面前進並鑽入岩隙中，將礁岩緊緊抱住。

④長出氣根：向四面八方擴展的枝幹長出氣根，增加呼吸作用。

⑤支柱根擴張：氣根垂到地面後伸長入地，加粗變成具有支持能力的支柱根。靠著它們，白榕不斷擴張地盤。

⑥纏勒：有些根系發展到其他樹木的樹幹上，緊緊纏住，影響它的正常生長；同時，上面長出的枝葉迅速遮蓋了陽光，使被附身的樹無法行光合作用，而逐漸衰弱。

⑦絞殺：被附身的樹養份不足又無法生長，終因逐漸衰弱而死亡。樹幹腐爛後，甚至整棵殘骸被白榕壓倒。

⑧一樹成林：粗大的支柱根四處林立，已分不清主幹在哪裡；領域內的其他樹木多半被纏勒，甚至遭絞殺而死。

2 認識石灰岩溶洞

　　墾丁森林遊樂區中最精采的地形景觀，就是全台數一數二的石灰岩溶洞及裂隙內的鐘乳石。它必須歷經數萬年點點滴滴的沈澱，才匯聚成今日的規模，道盡了大自然無比的耐心，因此更需要大家共同維護。

石灰岩溶洞的形成

　　石灰岩溶洞是長期以來被地下水溶蝕而成的。

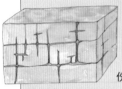

①水份滲入裂隙：在石灰岩台地抬升的過程中，岩層經常產生裂隙。水份沿著裂隙滲入，並沿著裂面開始進行溶蝕作用。

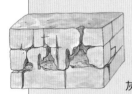

②溶蝕出石灰岩溶洞：裂隙逐漸被侵蝕擴大，漸漸形成石灰岩溶洞。石灰岩富含碳酸鈣，碳酸鈣又容易從水中沈澱出來，附著在岩壁上。

③沈澱出鐘乳石：當水份從溶洞上方滴出，碳酸鈣便累積出懸垂的鐘乳石；水滴到地面，碳酸鈣則往上累積出石筍。時間一久，鐘乳石及石筍接合起來，就變成石柱。

鐘乳石：懸垂在洞穴上方岩壁的碳酸鈣沈澱物，外觀溫潤乳白。

石灰岩溶洞：又稱「溶洞」，是地下水溶蝕石灰岩層的結果，如石筍寶穴。

裂隙：地面上的石灰岩常因重力而裂開，形成仙洞、第一峽、一線天、垂榕谷、銀龍洞等景觀；其中仙洞和銀龍洞也有十分美麗的碳酸鈣沈澱物。

石柱：鐘乳石及石筍接合而成。

石筍：碳酸鈣沈澱物在地面上堆疊而成，形狀像往上生長的筍子。

143

5 社頂自然公園

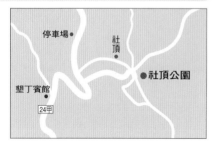

社頂自然公園是墾丁地區最豐富的自然觀察園地，擁有多變的地形景觀及豐富的動植物生態，尤其是蝴蝶，此處是國家公園內首屈一指的賞蝶勝地。此外，受到強勁東北季風的影響，社頂還有姿態獨特的「風剪樹」，

因此被稱為「大自然的盆栽公園」。要認識環境與動植物之間奇妙的互動，社頂是一個最佳的場所。

社頂步道是由放牧小徑修整而成。走在步道上，穿梭在珊瑚礁岩、灌叢草地與森林之間，幾番峰迴路轉、景觀變化多端。

四季之美：隨著季節遞嬗，社頂風貌也有不同。 3 月，整個園區瀰漫著相思花香；馬纓丹、長穗木盛開，蝴蝶最是忙碌。夏天的蟬鳴一聲高過一聲；落滿一地的欖仁果，吸引金龜子動也不動地吸著。秋天登臨賞景亭，落山風在耳畔呼嘯，群鷹一波波向南飛去；欖仁的紅葉為林子添上色彩；冬日，鵝鑾鼻景天開出黃色的花朵，柔化了珊瑚礁的肌理……雖說恆春天候溫暖幾無四季之分，但社頂豐富的生命，卻充分表現了季節之美。

社頂公園的地景變化多端，也涵養了豐富的動植物生態。

認識社頂的特色

社頂自然公園以豐富的動植物生態及自然景觀著稱，這些生態現象及自然景觀，都是受到地理位置及地形的影響。下面就從社頂的地理位置、地形，以及園區內的主要植被景觀，來對社頂做整體的瞭解。

特色 1 ：位處石灰岩台地

社頂自然公園位在舊名龜子角的「社頂台地」上，這塊台地曾為原住民排灣族的聚居地，所以人們將它稱為「番仔社頂」，後來就簡稱為「社頂」。

社頂台地為石灰岩質，原本是在淺底堆積的珊瑚礁，經過地殼推擠的抬升作用才被高舉達 200 多公尺，高度僅次於墾丁森林遊樂區所在的「墾丁台地」。

特色 2 ：面迎東北季風

從右邊這張示意圖來看，社頂台地位處鵝鑾鼻岬角的西北方，台地東側面向太平洋，冬季時，東北季風強烈吹襲此處，因此社頂的東邊，屬於東北季風的「受風面」。

順著東北季風南下的過境猛禽，必會經過社頂上空，9、10月時，常可在此地見到群鷹漫天的壯觀景象，尤其是赤腹鷹，目前此處是全世界赤腹鷹過境數量最多的，據統計每年約有 5、6 萬隻之多，絕對是國際級的賞鷹聖地。（⇨P.156）

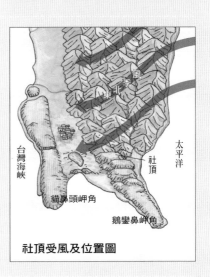

社頂受風及位置圖

特色 3 ：多樣的植被景觀

冬天受到東北季風的影響，珊瑚礁岩的向風和背風面，植被生態是全然不同的，有高大的樹林，有低矮的灌叢，還有長在礁岩上的「風剪樹」（⇨P.154）。因此，社頂的植物景觀，跟森林茂密的墾丁森林遊樂區，有很大的不同。

此外，過去社頂曾為放牧牛羊的牧場，因此留下許多開闊的草地。而灌叢及草地間雜的空曠環境，適合蜜源植物生長，進而吸引許多蝴蝶，所以在社頂可以觀察到豐富的蝴蝶生態（⇨P.150）。

礁岩上匍匐攤平的「風剪樹」

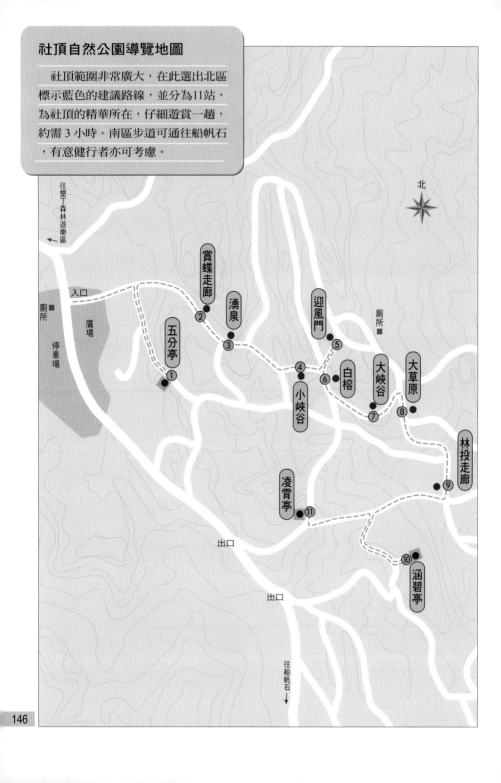

社頂自然公園導覽地圖

社頂範圍非常廣大,在此選出北區標示藍色的建議路線,並分為11站,為社頂的精華所在,仔細遊賞一趟,約需 3 小時。南區步道可通往船帆石,有意健行者亦可考慮。

北

往墾丁森林遊樂區 ←

廁所

停車場

入口

廣場

賞蝶走廊
②

湧泉
③

五分亭
①

迎風門
⑤

廁所

白榕
⑥

小峽谷
④

小峽谷

大峽谷
⑦

大草原
⑧

林投走廊
⑨

凌霄亭
⑪

涵碧亭
⑩

出口

出口

往船帆石 ↓

① 五分亭

從此處可以展望社頂自然公園的全貌，先熟悉公園整體輪廓，再沿著導覽地圖一一尋訪。亦可望向位居較高處的墾丁森林遊樂區，對照其清楚可辨的石灰岩台地地貌，遙想這兩片台地的形成歷史。

展望社頂自然公園：對照左頁路線圖，來到亭中往前方遠眺。此處海拔高度約為 200 公尺，眼前所見，是一片較為平坦的樹林，滿眼綠意使人心曠神怡。因為這裡的風勢較弱，所以植物長得比較茂密。

看珊瑚礁岩：在亭子左方映入眼簾的，是許多隆起地面、呈長條狀的珊瑚礁岩，上面也植物叢生。這些珊瑚礁岩就是石灰岩台地的組成物質，遊走園區時，經常會看到。

這些珊瑚礁岩隆出地面已有數十萬年之久，在長期侵蝕風化之下，被切成一塊一塊的，也就是今日我們所看到的社頂珊瑚礁岩塊，都是長條形，呈南北走向。

珊瑚礁及樹林交錯的植被景觀

② 賞蝶走廊

▷ P.150、圖鑑 P.86

從五分亭下來後，循原路回到步道起點。對照路線圖，從這裡開始一直到湧泉，是觀賞蝴蝶的最佳環境，尤其是在熱鬧的春夏季，蝴蝶生態更是盛況空前。為什麼這裡的蝴蝶比別處多呢？仔細觀察，原來牠們都是受到花朵的吸引呢！

步道旁可盡情觀賞蝴蝶生態

其實，在整個社頂園區，只要是較為開闊的地方，總是長了許多開滿花朵的蜜源植物，最常見的是馬纓丹、長穗木（▷圖鑑 P.7），吸引50多種蝴蝶，最常見的有大白斑蝶、玉帶鳳蝶等（▷圖鑑P.86），難怪被稱為墾丁國家公園的賞蝶勝地。

在這裡，除了可以觀察蝴蝶及植物之間的關係外，還可以對照圖鑑，慢慢欣賞各種蝴蝶的美麗身影。此外，仔細觀察牠們的行為——有的停在花上、伸出「吸管」專注吸著花蜜；有的正從尾巴產卵到葉背上。翻開植物葉片，說不定可以發現一隻蝴蝶幼蟲……這裡是一座最佳自然教室。

墾丁地區

147

③ 湧泉

這裡有個小小的淺水塘，看來其貌不揚。但是，仔細找找，從水塘旁的岩縫，有水流緩緩地冒出來，似乎不同於尋常的雨後水灘——原來，這是「伏流」冒出地面後積水而成的，與石灰岩地形有密切關係。

這股泉水終年不間斷，但在夏季雨量充沛時，水量明顯較大。

湧泉是伏流的出口

湧泉的形成

石灰岩質地特殊，其碳酸鈣極易被雨水溶解，導致雨水非但不易在石灰岩層表面匯集成河流，反倒直接滲入岩縫中，直到遇上石灰岩下面的泥岩才停止，終於在泥岩之上匯聚成「伏流」。

當地表遭到破壞或侵蝕，剛好切到伏流所在的位置，伏流遇到出口，順勢泊泊流出，自然形成一泓泉水。

伏流

148

④ 小峽谷

步道穿越過一塊長形的珊瑚礁岩，這裡就是小峽谷，是一處珊瑚礁岩的裂隙。峽谷上方的樹林，偶爾會有台灣獼猴出沒，在這裡不妨凝神傾聽、或回頭留意一下，但要注意落石。

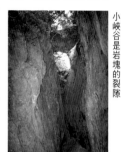

小峽谷是岩塊的裂隙

⑤ 迎風門

走出小峽谷往前方望去，有兩塊珊瑚礁岩圍出一個大門洞，這就是迎風門。冬季時感受到強勁的東北季風吹過來，充份體會此門命名的意義。

從迎風門穿過去可通往大草原。建議你走右邊通往白榕的步道，沿途樹林茂密，是和草原完全不同的景致。

珊瑚礁岩塊像門扇般圍出迎風門

⑥ 白榕

⇨ 圖鑑P.7

樹幹顏色較白的白榕，很容易辨認，它靠著無所不長的支柱根，縱橫攀

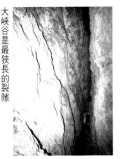

亭亭有如華蓋的白榕

草地、灌叢交織的大草原

附於珊瑚礁上。這株白榕的主幹已斷，現在所見都是原來的支柱根。

靠大塊珊瑚礁岩的遮蔽，這一帶受風較小，樹木長得較高大。在這裡可以對照圖鑑，認識幾種常見的珊瑚礁植物，除了白榕外，有毛柿、茄苳、咬人狗、紅柴等。

 7 大峽谷
◇P.143

大峽谷是最狹長的裂隙

大峽谷也是珊瑚礁裂隙，這塊珊瑚礁十分高大，因此幽深狹長。走在峽谷中，可看見兩壁有些石灰岩地形特有的碳酸鈣沈澱物，顏色較白，溫潤醒目。

 8 大草原
◇P.154

穿過大峽谷，景觀豁然開朗。眼前這片草原、灌叢交織的綠地，正是社頂最典型的植物景觀。

大草原是首當其衝的受風面，植物無法長得太高大，因而形成灌叢；受

風影響較大的，還形成「風剪樹」。此外，附近也有許多耐旱的相思樹。

 9 林投走廊
◇P.153、圖鑑P.23

通往涵碧亭沿途有一大片林投灌叢，是觀賞、研究林投適應海岸環境特殊結構的最佳地點。

 10 涵碧亭
◇P.154

登上涵碧亭，社頂公園的礁岩、風剪樹、草原等特色，一覽無遺；更遠處是鵝鑾鼻岬角；這裡也是觀賞猛禽過境「起鷹」的好地點。

獨立礁岩上的涵碧亭

 11 凌霄亭
◇P.156

凌霄亭立於珊瑚礁高處，9、10月猛禽過境的季節，這裡是最佳觀賞點，因此被鳥友稱為「賞鷹亭」。

1 賞蝶

社頂的春日是賞蝶旺季，尤其晴朗又不酷熱的上午及傍晚，更是蝴蝶活動的高峰時間。先尋找會聚集大批蝴蝶的場所，一旦發現蝶影，不論是看外觀、一生過程，或是以圖鑑來分辨常見蝴蝶，都十分有趣，值得好好觀賞——

尋找蝴蝶蹤跡

凡是開闊地、步道或產業道路旁，陽光較充足，並且長了許多蜜源植物及幼蟲的食草，就能吸引大批蝴蝶聚集覓食。

蜜源植物：是供給蝴蝶吸蜜的開花植物。有的是台灣本地「原生種」，例如火筒樹；有的是國外引進的「外來種」，例如馬纓丹、長穗木等。這些外來種生命力很強，稍有開墾的地方即入侵盤踞。（↻圖鑑P.7）

食草：是幼蟲所吃的植物。每一種蝴蝶幼蟲喜歡吃的植物都不一樣，像黃裳鳳蝶幼蟲吃馬兜鈴藤、玉帶鳳蝶幼蟲吃過山香、黑點大白斑蝶幼蟲吃爬森藤、樺斑蝶幼蟲吃馬利筋等（↻圖鑑P.86），通常蝴蝶會將卵產在幼蟲食草上，以便牠們一出生就能飽食無虞。

口器：虹吸式口器，不用時可以捲曲縮藏。會吸花蜜、樹液、糞便尿液、果肉或水。

蛾的觸角

觸角：呈上粗下細的棍棒狀，是蝴蝶和蛾類最大的分別之處。

有毒食草與幼蟲

斑蝶類幼蟲的食草，多半是含有毒素的蘿藦科、夾竹桃科等植物。長期吃下來，體內累積了不少毒素，天敵多半不敢吃牠，所以斑蝶有恃無恐、動作通常比較遲緩。尤其體型特大的大白斑蝶（↻圖鑑P.93），因飛行的速度太慢了，即使徒手也很容易抓到，素有「大笨蝶」之稱，是墾丁最具代表性的蝴蝶。

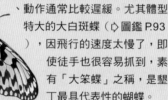

大白斑蝶

觀察蝴蝶的外觀

當蝴蝶在吸蜜或吸水時，不妨仔細觀察牠特殊的攝食工具——口器，伸縮自如、十分巧妙；而牠美豔的翅膀則是辨認種類的主要依據。

翅膀：佈滿不同顏色的「鱗片」。鱗片不易沾濕，因此下小雨時猶能活動；但容易因摩擦而脫落，如此一來，誤觸蜘蛛網時仍可逃脫。

大紅紋鳳蝶
展翅寬8.5公分
（⇨ 圖鑑P.87）

避敵的方法

在外觀上，許多蝴蝶成蟲有欺瞞敵人的方法，而行動能力較差的幼蟲，更是有許多避敵的法寶。

擬態：像枯葉蝶擬態成枯葉，十分不容易察覺；有些幼蟲擬態成小蛇模樣，更可嚇退敵人。

端紅蝶幼蟲的偽裝外觀

假眼紋：讓天敵鳥兒誤以為是大型動物的眼睛而不敢靠近。有時此處也有誤導作用，遭啄食後損失一小塊翅膀，但可趁機揮動剩餘翅膀逃走。

蛇目蝶的假眼紋

保護色：例如蛇目蝶類翅膀多為褐色系，粉蝶幼蟲多為綠色，這些都是容易隱藏在大自然中的顏色。

台灣紋白蝶幼蟲的保護色

警戒色：體內含毒素的斑蝶幼蟲體色鮮豔、對比強烈，這是在警告敵人「我是有毒的」，不可隨便侵犯。

黑脈樺斑蝶幼蟲有警戒色

蝴蝶的生活史須經過卵、幼蟲、蛹和成蟲等 4 個階段，外觀、習性完全不同，因此稱為「完全變態」。以下是整個生命歷程——

①孵化：由卵孵化成幼蟲，即俗稱的毛毛蟲，經過 4 次蛻皮後，開始化蛹。

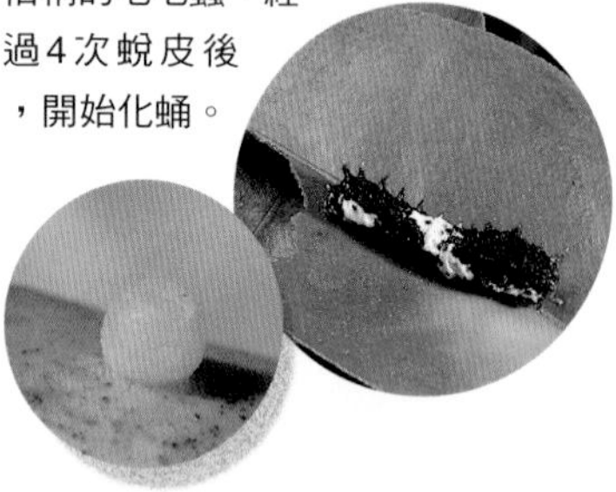

②化蛹：幼蟲先吐絲將尾部固定於枝葉背面，再吐絲將身體纏繞起來，最後蛻皮形成蛹。依照蛹的固定方式，有吊蛹及帶蛹兩種。吊蛹只有尾端固定在枝葉上，身體吊垂懸空；帶蛹則除了尾端之外，另有一條絲帶環繞蛹身，繫縛在枝葉上。

③羽化：蛹變成蝴蝶的過程。開始時，蛹殼變成半透明，接著裂開後蝴蝶便奮力脫殼而出。這時翅膀又濕又軟，待體液流入翅脈後，才能振翅飛去。為了避免天敵的侵害，蝴蝶多半在夜晚羽化。

2 看林投

　　林投是台灣海濱地區極常見的植物，幾乎已成為海濱的標誌。因為它極能適應海邊風強、鹽份重的環境，所以居民常種植做為防風林之用。

林投是絕佳的防風林

葉片：表面有光滑的蠟質保護，可抵擋海風鹽霧；葉緣有硬刺，使動物不敢侵犯。葉枯後仍常掛在樹上，因此很容易引起火災，延燒整片樹林。葉片上時有缺口，大部份是台灣大蝗啃食後的殘跡。

果實：外觀像鳳梨，由許多分果聚合而成，每一瓣分果又可以分出小果。質地輕，可藉由海水漂流來傳播。成熟時常吸引昆蟲來吸食汁液。

莖幹：分枝極多，可加強防風效果。莖幹可長出小芽，並有一圈圈葉片掉落的痕跡。

抗火災的本領

　　林投屬於單子葉植物，其特徵是維管束呈散生狀，不像雙子葉植物的維管束集中在接近樹皮的地方。火燒時，樹皮附近最先被燒毀，而林投中央的莖幹肥厚多汁，較不容易起火，這樣就保住部份維管束，可以繼續運送水份及養份。

維管束

根：氣根發達，可吸取空氣中的水份。觸地後形成支柱根，加強防風效果。

153

3 看植被景觀

站在涵碧亭上，往大草原眺望，可以一覽社頂的植被景觀。

社頂公園位於東北季風受風面，但由於小地形的變化，植被仍可分為背風面的珊瑚礁樹林及迎風面的灌叢。而長在珊瑚礁迎風面，最具代表性的樹形就屬「風剪樹」。此外，全區也分佈許多相思樹，以及人為干擾而形成的草原。

珊瑚礁樹林

在大塊珊瑚礁岩遮擋下形成，多為高位珊瑚礁植群，例如白榕、山欖、毛柿、紅柴（➪圖鑑P.7）等，多數長得較高大。

灌叢

多分佈在地形稍凹處，為了避開上方強勁的東北季風，樹木必須盡量壓低高度或多分枝，因而形成低矮的灌叢形態。

因應環境生長的灌叢

風剪樹

有的樹木種子落腳在珊瑚礁岩迎風面上，就得匍匐成長以承受強勁的東北季風，而樹冠也因風的長期吹襲下，被切剪出傾斜的姿態。這種以風雕而成，猶如特意修剪的樹，就稱為「風剪樹」。奇樹怪石，正如同大自然雕琢的盆景一般。

風剪樹的風切線十分明顯

社頂植被示意圖

珊瑚礁樹林

東北季風

草原

灌叢

草原

　　過去社頂有部份被開墾為牧場，所以園區內處處可見的草地，就是放牧所留下的遺跡。由於受到遊客頻繁的踩踏，以及強勁的東北季風影響，至今仍無法恢復舊貌。

相思樹

　　葉子較細碎，顏色淺綠的就是相思樹。是全台低海拔最常見的樹種，原產於恆春半島。它極為耐旱，能生長在貧瘠土地，加上生長速度極快，所以日治時期大量種植，取其木材做為薪炭，與早期人民的日常生活有十分密切的關係。

　　相思樹具有特殊構造「假葉」，是它耐旱的關鍵，在冬季乾燥又多強風的社頂，實是具有特殊意義。

相思樹的「假葉」

　　秋冬風起時，也就是恆春半島的旱季。這時，水分易從葉子散失，所以許多樹木會以落葉來因應；但是相思樹耐旱的本領可不同，它的正常葉子已退化，現在所看到的「葉子」，是由葉柄「特化」出來的「假葉」，這也是另一種耐旱的方法。

相思樹在強風處長得特別低矮

155

4 看赤腹鷹「起鷹」

社頂位在鵝鑾鼻「鷹路」上，附近又很空曠，是恆春半島上最佳的賞鷹地點。從9月上旬開始，一波一波的鷹群，隨著天候的節奏往南遷移，整個遷移旳時間可長達1個月，在此期間造訪社頂，可飽覽壯觀旳的鷹況。

赤腹鷹從北方飛來，約在午後到達鵝鑾鼻岬角。由於生性喜隱密，抵達後迅速俯衝到樹林中，停棲過夜。若是天晴，隔日清晨6～10點就啟程南飛，這時就是觀賞「起鷹」的最佳時機。

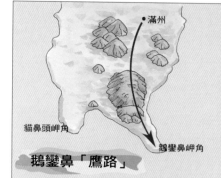

滿州

貓鼻頭岬角

鵝鑾鼻岬角

鵝鑾鼻「鷹路」

鵝鑾鼻岬角是中央山脈延伸到台灣最南端的尾閭。許多南遷的鳥類都會在岬角上停留休息，再繼續南遷到目的地菲律賓，尤其是秋過境的猛禽，像赤腹鷹、灰面鵟、紅隼等。上千隻鷹群沿著岬角陸續出海，這條路徑就稱為「鷹路」。

赤腹鷹（又稱鴿子鷹）
腹部白至紅褐色，體長30公分（⇨圖鑑P.63）

④出海：飛抵高空後，就往南飛去出海。

③飛高：東北季風碰到較高的地形，形成上升氣流，鷹群順著此氣流，慢慢盤旋而上。

②往北：逆風爬升到北邊地形較高處。

①起飛：鷹群陸續從墾丁森林遊樂區、大圓山、社頂一帶的樹林中飛起。

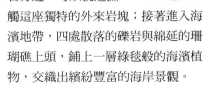

6 青蛙石

棠等（▷ 圖鑑P.31）。據統計，這裡是整個恆春半島烏頭翁築巢數量較多的地方。走到青蛙石旁邊，可以就近撫觸這座獨特的外來岩塊；接著進入海濱地帶，四處散落的礫岩與綿延的珊瑚礁上頭，鋪上一層綠毯般的海濱植物，交織出繽紛豐富的海岸景觀。

在此不妨參照主題導覽，開始仔細觀察礫岩和隆起珊瑚礁，並可盡情欣賞各種海濱植物，配合圖鑑對照一番。走完一圈後，可以參觀青年活動中心的仿閩南式傳統建築，頗具特色。

青蛙石步道圖

轉進墾丁青年活動中心，踏上通往青蛙石的步道，周遭頓時寧靜起來。青蛙石蹲踞於珊瑚礁海岸，茂盛的海濱植物生長其間，構成一方小巧而豐富的天地，值得一訪。

對照下面的空照圖，青蛙石座落在一個小岬角上，是個巨大的「礫岩岩塊」，也是「外來岩塊」之一（形成 ▷ P.72）。

循著下面的地圖踏上步道，起首路途兩旁都是海岸林樹木，例如瓊崖海

從大尖石山的方向看最神似青蛙

墾丁地區

青蛙石蹲踞在三面臨海的小岬角上

1 觀察礫岩

青蛙石礫岩是來自海洋板塊上的火成岩，顏色偏綠，成份與其他地方的礫岩大不相同，十分少見。

看顆粒及顏色

顆粒：礫岩是由許多「礫石」堆積、膠結而成的。礫石的顆粒很大，直徑最少都有 0.2 公分以上，大小石頭夾雜在岩塊中，十分容易辨識。

顏色：新鮮未風化的礫岩多呈綠色。露出地表後，往往因長期曝曬、風化，或因黴菌著生而變色，所以多半是黝黑深沈的黑灰色。

看風化窗

濱海迎風面的礫岩岩塊經年受海浪拍打，有些海水留在岩塊表面的凹洞內，水分蒸發後形成鹽結晶，逐漸使岩石變得鬆動，容易崩解，因而呈現格格鏤空的奇異景象。這種侵蝕作用也發生在珊瑚礁、砂岩上（P.82、215）。

迎風面的岩石受海蝕作用形成風化窗

礫岩及珊瑚礁的形成

青蛙石所座落的小岬角四周生長許多珊瑚礁，而且多是長在礫岩上，步道旁常可找到印證。顯然，珊瑚礁是附著在礫岩上生長。——

①礫岩層刮磨擠碎：從1000萬年前，礫岩層就在深海沖積扇中逐漸形成。數百萬年前開始，歐亞大陸板塊和菲律賓海板塊互相推擠，將礫岩層刮磨下來並擠碎，形成許多巨大的礫岩岩塊，和大量泥岩混雜在一起。

②露出獨立岩塊：因板塊推擠造成的抬升作用，礫岩岩塊及泥岩約在 100 萬年前露出海面。鬆軟的泥岩逐漸被侵蝕掉，在丘陵上裸露出巨大的獨立礫岩岩塊，形成現今的青蛙石及大圓山、大尖石山等獨立山峰。

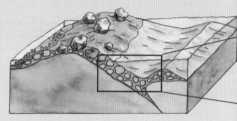

2 認識隆起珊瑚礁

走在一大片嶙峋壯闊的隆起珊瑚礁上，腳邊不時發現一株一株完整的珊瑚化石，紋路奇特，令人驚喜。從珊瑚化石的形狀來判斷，他們多半是圓頭狀的「頭狀珊瑚」。

頭狀珊瑚：多半生長在淺海的迎風面，此處風大浪猛，環境極惡劣。幸好頭狀珊瑚是塊狀的，不易被打斷，禁得起海浪的拍打衝擊。況且浪大泥沙便不多，頭狀珊瑚就不會被覆蓋窒息而亡。最常見的是「腦紋珊瑚」、「角菊珊瑚」（⇨圖鑑P.131）。

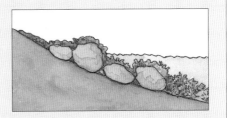

腦紋珊瑚

角菊珊瑚

隆起珊瑚礁中可發現珊瑚化石

③珊瑚礁生長：青蛙石被抬升出海時，還有一些礫岩留在淺海。由於此處海水溫暖且乾淨，正是珊瑚喜歡的環境，珊瑚便附著在淺海礫岩上生長，老死後變成珊瑚礁。一代又一代，珊瑚礁逐漸在淺海礫岩上堆疊。

④珊瑚礁隆起：又經過陸地抬升作用，淺海的珊瑚礁連同礫岩，也都被抬出海面，接續原來的陸地，形成隆起珊瑚礁和礫岩交雜的海岸。淺海處仍不斷有珊瑚生長，珊瑚礁也持續堆疊著。

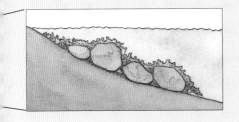

7 船帆石

過了小灣，一路上都可見一塊巨石聳立淺海上。前行約2.5公里，來到這片腹地不大的船帆石沙灘，這塊巨石便近在眼前，彷若啟碇張帆的船帆，因此獲得船帆石之稱。

珊瑚礁岩塊：船帆石怎麼會這樣突兀的聳立在這個小海灣呢？原來，船帆石是一塊滾落到海邊的珊瑚礁岩塊，屬於「崩崖」地形的一種（形成◇P.194），往山坡上看去，左邊的斜坡上散落了數個岩塊，彷彿親眼看到當

船帆石的形成

①形成裂隙：在龍磐台地上升的過程中，台地邊緣的礁岩因本身的重量而裂出裂隙。

②岩石崩落：裂開的岩石最後崩落，其中一個滾得最遠，形成聳立海邊的模樣，就是今天的船帆石。

年珊瑚礁岩塊崩塌時，一路滾落到大海的連續動作。其中一個岩塊至今屹立海中，成為這個小海灣的勝景。

船帆石的頂上長滿了灌木和野花，常有鳥兒來此棲息窩居。有人說船帆石近看像美國前總統尼克森的頭部，而灌木、野花正好像極了頭髮，其實從不同的角度觀看都各異其趣，你看呢？

船帆石就像張揚的船帆

8 香蕉灣
海岸林

26號省道36.5K～37K (生態保護區)

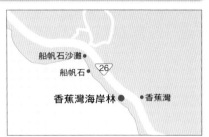

經過船帆石後留意公路右邊，可看到鐵網圍起一片森林，它是台灣最低海拔的森林，也是僅存最完整的天然海岸林，又稱漂流林。顧名思義，其樹種幾乎都是遠從南洋漂流而來的，十分珍貴，因而被劃為生態保護區。

這片林子的入口並不明顯，小心別

注意：在此處不要攀折或取走任何東西，也不要跨越保護區圍籬，以保護珍貴的海岸林，讓它們生生不息。

錯過了。入口有一小區可以進入，走進這片森林，可看到許多熱帶植物的特徵，也可嗅到植物開花、結果或腐化的氣味，而空氣十分潮濕，夏季更是悶熱，這些正是典型熱帶森林的環境特色。在這裡可以認識海岸林的重要樹木，仔細觀察它們的果實，揭開它漂洋過海的祕密（▷P.162）。

海岸林的消失：清末以前，從南灣到鵝鑾鼻沿岸，遍佈生長濃密的海岸林；不過，從清末以來的墾殖、道路開發及大量砍樹闢地種瓊麻，使得海岸林急速縮小。昭和8年（1933），香蕉灣一帶被劃為天然紀念林，1973年開始劃為保護區，這才搶救下這片碩果僅存的海岸林。

墾丁地區

從空中明顯可見海岸林（紅色虛線）被公路切開，只剩狹長一小片。

揭開果實漂流的秘密

　　置身蓊鬱的海岸林，可在地面上找到各種奇形怪狀的果實，尤其不要錯過棋盤腳，它是海岸林的代表性樹種，果實碩大而特殊。仔細看看，漂洋過海的秘密，全都藏在這些奇特的果實中！

棋盤腳 　　（⇨圖鑑P.33）

　　棋盤腳是海岸林的主要代表，抗風、耐旱及耐鹽力特強。在恆春半島，此處可見到最多天然的棋盤腳大樹。

　　果實：非常碩大，有4條突起的稜線，形如古式棋桌的方形腳柱，所以叫「棋盤腳」。也因為外形像肉粽，當地居民叫它「恆春大肉粽」。

　　葉片：長橢圓形，長可達40公分，摸起來像皮革般光滑厚實。葉面可反光，避免陽光照射過度而失水。

　　花：雄蕊有300～500枚，雌蕊只有1枚，所以被戲稱「男朋友最多的花」。它在深夜盛開，而日出前已落地，因此主要是靠夜間活動的蛾類或蝙蝠幫忙傳粉。黑夜中，頂著黃色花藥的桃紅色花蕊，

長15公分

從純白的花瓣中爆開，就像個小型高空焰火，令人驚艷，難怪有「墾丁之花」的美譽。

海漂果實的秘密

　　果實有哪些法寶，可應付長途的海上漂流？解剖碩大的棋盤腳果實，一探它的秘密！

　　外果皮：被覆蠟質，頗為堅硬，可抵抗鹽漬且不易碎裂。

　　中果皮：含纖維質及木栓質，蓬鬆質輕，利於漂浮。

　　內果皮：質地堅硬，可保護種子，使它在長途漂流後，尚能保留一線生機。

內果皮
中果皮
外果皮

蓮葉桐　（↪圖鑑P.32）

果實外覆一層肉質苞片，漂流容易。苞片也是動物的美食，果實便可趁機傳播至遠處，因此蓮葉桐的分佈較廣。

長3公分

海檬果　（↪圖鑑P.27）

果實富含纖維質，因此老化後堅韌質輕。形狀為飽滿的橢圓形，成熟時由綠轉為紅色。

長7公分

欖仁　（↪圖鑑P.27）

果實側邊有一圈突起，果皮堅韌，適合漂浮。因形狀像橄欖仁而得名。

長5公分

水黃皮　（↪圖鑑P.34）

果實木質化可避免鹽沫侵蝕，形狀扁平、略呈彎月形。

長6公分

熱帶海岸林的形成

　　原生於南洋的海漂植物，為什麼選中台灣最南端來定居呢？這就和此處的地形有密切關係了。從漂流、登陸到發芽，整個過程必須有地形、氣候和潮流等因素配合，才能圓滿達成任務，所以海岸林的形成非常不容易。

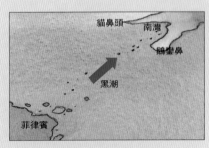

①漂洋過海：海漂植物的果實，從菲律賓群島乘著黑潮暖流一路北上，流經恆春半島南端時，由鵝鑾鼻和貓鼻頭所圍成的南灣，如同捕手手套，捕捉住這些果實。

②乘浪登陸：果實進入海灣後，還必須有大風大浪的配合，才能將它們投送到略有土壤的珊瑚礁上，否則只能停留在海邊礁岩，隨時可能會被風浪捲回海中，無緣著陸。

③待雨發芽：經過長途海上漂流的果實，全身遍佈了鹽分，並不適於發芽。於是，登陸後還得等待雨季帶來的淡水，沖洗一番才能發芽。

④繁衍成林：在沿海較寬廣平坦的地方，代代繁衍，形成一片茂密的海岸林。愈接近海的地方，受到鹽霧、強風的影響愈大，愈是耐鹽、耐風的植物愈能生存。

天然擋風牆

　　海岸地區受風極強，而高低參差的天然海岸林，可說是大自然最完美的擋風牆。

　　來自海上的強風，順著海岸灌叢及海岸林樹冠的「坡面」滑向天際，因此林後受風很小，常形成聚落；然而聚落擴張後，天然的擋風牆也面臨開墾壓力，終至消失。如今則常栽植木麻黃做為人工防風林。

9 砂島 貝殼沙展示館

恆春鎮砂島路221號

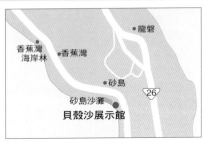

龍磐

香蕉灣
海岸林　香蕉灣

砂島

砂島沙灘　26
貝殼沙展示館

離開香蕉灣，順著屏鵝公路繼續南下，不久就到了「貝殼沙展示館」，這裡的展示介紹了砂島的珍貴——有全台貝殼沙含量最高的沙灘。

墾丁國家公園成立後，砂島被劃為自然生態保護區，禁止挖採及進入。但遊客循著公路來到砂島時，仍可藉貝殼沙展示館認識貝殼沙及眺望砂島沙灘。

貝殼沙展示館： 位於砂島沙灘南側，是墾丁國家公園管理處在西元1993年設立的。

進入展示館首先看到的大平台是貝

貝殼沙的形成

一般的河口沙灘都是由溪流所夾帶的沙石碎屑物堆積而成。然而，貝殼沙的主要組成卻是來自海洋的珊瑚、貝殼、藻類、苔癬蟲及有孔蟲……等生物的殼體。這些海底生物的殼體在長期的海水淘洗、研磨下形成碎屑。沿岸流、波浪便帶著這些碎屑四處漂流。當這些沿岸流搬運著生物碎屑流進了海灣，搬運力量變小，碎屑便被沖上海岸，逐漸堆積出一片白皙晶瑩的沙灘，遊客也才能從顯微鏡下看到晶瑩圓潤的貝殼沙。

墾丁國家公園大部份的沙灘都是由生物的碎屑所組成，是當地重要的景觀資源。

殼沙觸摸區，讓遊客可以感受貝殼沙的圓潤、柔細與潔白。此外，館內還置有放大鏡、顯微鏡，透過這些工具，可以清楚看到珊瑚、貝殼和有孔蟲的紋路及形狀。

展示館的左後方有個圓形露天陽台，小陽台緊鄰砂島沙灘，站在陽台上，可以看到貝殼沙在陽光的照射下閃耀著潔白的光芒。

砂島沙灘： 與半島上大部份沙灘一樣，都是由貝殼沙所組成的白色沙灘。但砂島的碳酸鈣含量高達97%，是國寶級的自然資源，相當珍貴。

貝殼沙的色澤亮麗、光滑柔潤。早期尚未管制時，曾被大量的濫採、盜賣。在1973年夏天明令禁採。

東海岸地區

導覽篇5

連綿東海岸，
有雄奇的崩崖、一望無際的草原，
有罕見的奇岩怪石、疾風勁暴的風吹沙，
還有先苦後甘的港口茶是正宗的恆春味，
南十字星與山海瀑只能驚鴻一瞥，
舉世唯一的武裝燈塔，
是一頁斑斑血淚史……
來一趟東海岸，
一路上海天相隨，耐人回味。

特約撰述／陳正鵬（龍磐——觀星）

東海岸地區的故事

從鵝鑾鼻到佳樂水這一段海岸，在恆春半島的旅途中，最可以體會地廣人稀、海天相隨的海岸風光。

地形特色：除佳樂水、港口村一帶外，全區皆位在鵝鑾鼻半島上。半島的地表覆蓋著一層石灰岩，屬於「龍磐台地」的南緣，從龍磐緩緩向南傾斜，延伸至鵝鑾鼻後，沒入巴士海峽之中。

在這一段海岸線上，地形豐富多變，由南往北來看，鵝鑾鼻、龍坑、龍磐皆位在石灰岩台地上，有連綿的隆起珊瑚礁和雄偉的崩崖；風吹沙一帶是生物碎屑組成的沙灘，興海路亦有隆起珊瑚礁；至港口村因有港口溪出海，沖積出沙灘；最後至佳樂水則已脫離珊瑚礁，進入深海沈積岩的世界。

東海岸瀕臨太平洋，有大半年被東北季風統御，所以不論地形、聚落、植物、動物，都與季風和大海脫離不了關係。

歷史背景：東海岸面海衝風，土地貧瘠，不適合耕作與居住，至今只有鵝鑾鼻、興海路與港口村三處聚落。文獻上的記載至清光緒初年，港口村設港、鵝鑾鼻建燈塔，才漸漸有聚落出現，居民多以捕魚維生，港口村則兼有茶葉的種植。

東海岸雖然不是良好的居住環境，但港口溪河谷下游、鵝鑾鼻一帶卻發現多處史前遺址。由出土物來看，住在海岸邊珊瑚礁岩塊下的史前住民，主要靠採貝、漁撈維生，兼有狩獵、採集；住在港口溪流域的史前住民，因擁有較寬廣的河谷平原與坡地，所以以農耕為主。

觀光重地：在台26號省道通車之前，風吹沙、鵝鑾鼻燈塔就已是著名的景點，港口村以出產恆春三寶之一的「港口茶」聞名，龍磐並建有美軍招待所，可見東海岸的自然美景早已為人所聞。省道開闢後，佳樂水首先嶄露頭角。1982年，鵝鑾鼻規劃為自然公園，之後墾丁國家公園、龍坑自然生態保護區相繼成立。至此，交通的便利，使東海岸一氣呵成，成為恆春半島不可或缺的觀光重地了。

東海岸地區

1 鵝鑾鼻公園

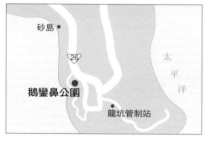

砂島

26

鵝鑾鼻公園

龍坑管制站

太平洋

過了砂島，沿台26號省道往南行約1.8公里，即可抵達以燈塔和珊瑚礁林聞名的鵝鑾鼻公園。

地名由來：與附近的船帆石有相當關係，「帆」字的排灣語音譯為「鵝鑾」二字，加上半島突出若鼻，所以稱「鵝鑾鼻」。由於是台灣本島的最南端，又有「南岬」的別稱。

鵝鑾鼻燈塔：是目前世界上唯一的武裝燈塔，光力為台灣之冠，擁有「東亞之光」的美譽；它的建立，是一段血淚斑斑的歷史。日治時期，日人極為推崇此地的美景，曾列為台灣八景之一。白天時，雪白的外形十分耀眼；日落後，明亮的光束廣披四方，若千年來已成為墾丁的地標之一。

礁林公園：由於此區珊瑚礁石林立，所以有「礁林公園」之稱。公園內不但植物繁茂，亦出土極豐富的史前遺物，加上有屹立百年的燈塔，是個易於親近的生態、歷史教室。

以下就分 6 個主題，依序來認識鵝鑾鼻公園。首先先來了解礁林地形，並可一邊對照圖鑑認識珊瑚礁植物；礁石下的凹壁，是史前住民的聚居之處。逛完礁林，最後再到鵝鑾鼻燈塔來一趟歷史與建築巡禮。登高之時，別忘記眺望恆春半島的海階。園區內步道縱橫交織，宛如迷宮，暢遊其間，不但具有知性，亦富有冒險穿梭的樂趣。

鵝鑾鼻公園以燈塔和珊瑚礁林聞名

鵝鑾鼻公園導覽地圖

本站內容採主題導覽，到達任何一景點時，建議對照下方地圖虛線範圍的指示，再翻閱後頁內容，左下方並附有檢索表。園內的景點亦皆設有解說牌，全程步行約 3～4 個小時。

停車場　商店街
管理站
●入口
●出口
■廁所

北

●擎天石

主題導覽6
滄海亭
親吻石

又一村
休息亭

主題導覽1、2

主題導覽3

台灣八景鵝鑾鼻碑 ●

蔣公銅像

主題導覽5
鵝鑾鼻燈塔 ●

虬榕 ●

幽谷

主題導覽6
迎賓亭

休息亭
冤家路
休息亭　古洞

非非洞

主題導覽6

■廁所

■廁所

主題導覽4

海灣棧道

- - - - - 建議路線A
- - - - - 建議路線B

東海岸地區

1 穿梭珊瑚礁林

礁石林立的鵝鑾鼻公園，濃蔭蔽天、蔓藤叢生，煞是蔭涼，蟲鳴鳥唱不絕於耳。蜿蜒的步道兩側礁石岩壁聳立，因此被稱為「礁林公園」。漫步穿梭其中，往往下一處轉角，便有出乎意外的風景，只是雨後蚊蟲較多，應先防備。

長久歷經風、雨、海浪的淘刷，公園內的礁林形塑出「珊瑚礁岩塊」、「珊瑚礁凹壁」、「珊瑚礁裂隙」和「碳酸鈣結晶」等幾種景觀。接著就依序來認識這些礁林中的奇景——

「冤家路」是珊瑚礁裂隙

珊瑚礁裂隙：園內步道大多穿梭於零散錯落的珊瑚礁岩塊之中，相鄰的兩岩塊中間形成明顯的窄路或狹洞，便有了「冤家路」、「非非洞」、「親吻石」、「幽谷」等極富趣味的名稱。

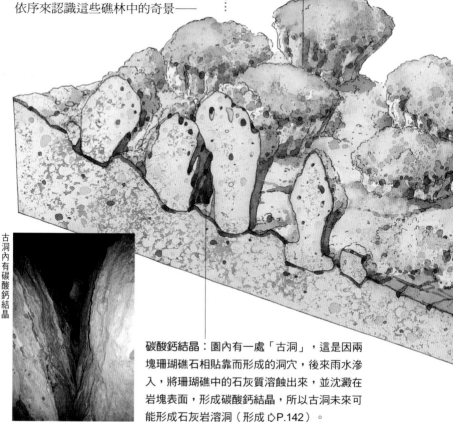

古洞內有碳酸鈣結晶

碳酸鈣結晶：園內有一處「古洞」，這是因兩塊珊瑚礁石相貼靠而形成的洞穴，後來雨水滲入，將珊瑚礁中的石灰質溶蝕出來，並沈澱在岩塊表面，形成碳酸鈣結晶，所以古洞未來可能形成石灰岩溶洞（形成 ⇨P.142）。

珊瑚礁岩塊：園內矗立的大小岩塊都是「珊瑚礁」，其中最著名的是「擎天石」。擎天石是一塊獨立的直立珊瑚礁岩塊，外型上尖下削如蛋，頗有「一柱擎天」之勢，因而得名。

珊瑚礁凹壁（海蝕凹壁）：珊瑚礁岩塊常有凹入的現象，這是因早年海水沖刷侵蝕，進而形成凹槽，又稱為「海蝕凹壁」，如園內的「親吻石」、「獴豬石」。凹壁可遮風避雨，數千年前這裡靠海維生的史前人類就居住其內，並飲用岩壁上潺潺滴落的水，「又一村」的史前遺址就是其中一例。（⇨ P.176～177）

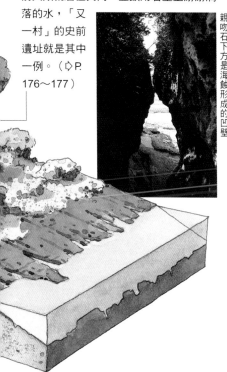

親吻石下方是海蝕形成的凹壁

珊瑚礁林的形成過程

　　數十萬年前，鵝鑾鼻外淺海海底生長了許多珊瑚，死後遺骸堆積出珊瑚礁，後來板塊運動推擠，珊瑚礁被抬升出海面成為「龍磐台地」。

　　數十萬年以來，海岸的台地邊緣不斷有岩塊崩落下來，才造就鵝鑾鼻公園內礁岩林立的景象……

①崩塌散落：龍磐台地在隆起的過程中產生許多裂隙，後來因岩塊本身的重力進而崩塌下來，紛紛散落海岸四處。

②侵蝕岩塊：崩落下來的岩塊受到海水拍打，在岩塊底部侵蝕出凹壁。

③露出海面：陸地不斷抬升，被海水侵蝕的岩塊露出海面，形成今天珊瑚礁岩塊零散錯落的礁林景觀。

2 看高位珊瑚礁植被

鵝鑾鼻半島的雨量集中在夏季，冬季又籠罩在強烈東北季風下，乾、濕分明且旱季長，空氣中鹽份重，對植物來說，生長環境艱難，因此生長在這裡的植物大多具有厚硬且披覆臘質的葉片，可耐強風、鹽霧與乾旱，減少水份散失。

因地制宜的生存機制：公園內的植物如山欖、葛塔德木、山豬枷等，能生存在乾旱的礁岩上，也能在礁林間的平地上長成高大的樹木或喬木，可見植物能因地制宜發展出不同的生存機制。在公園中可比較不同生存棲地上的同一種植物，來觀察其形態的差異。

公園內的植物種類繁多，以下列舉的十數種，是此地特有且常見的植物，不妨一邊對照著圖鑑來看。

此處的植物依生存棲地可分成「平地植物」和「礁岩植物」兩個部份：

平地植物

這些植物生長在礁林間有土壤化育的土地上，因有礁岩阻隔而產生避風的緣故，所以樹形較高大，但以不超過風切面為主，是使公園清新蔭涼的主要功臣。步道旁的平地和高度約與樹冠平齊的滄海亭、迎賓亭，都是觀察平地植物的好地點。常見的種類有紅柴、枯里珍、橄樹、台灣海桐、蘭嶼樹杞、葛塔德木、山欖、毛柿、象牙樹等等。步道林蔭間，還可常見三葉崖爬藤、細本葡萄等藤類攀附蔓生。（➪圖鑑 P.7）

礁岩植物

此部份植物生長在挺立的礁岩上，面海衝風，岩面上少有土壤化育、水份堆積，植物生根不易，其生存的獨門絕活就是抗鹽、抗風、耐旱，而且形體擅於變異。在這樣的環境下，這

平地植物

平地植物樹形高大

礁岩植物具有旺盛的生命力

些植物猶能傲然不屈的綻放生機，為光禿崎嶇的礁岩妝點出茂盛的綠意。

例如園中著名的「擎天石」，其表面原本凹凸不平、稜角尖銳，但現在看來卻是一片油綠，原來是長滿了本區最常見的高位珊瑚礁植物——山豬枷。具備如此特性的植物還有山豬枷、葛塔德木、山欖、拎樹藤、臭娘子、白榕等。（↻圖鑑P.7）

生長機制：礁岩植物具有十分強韌的生命力，在環境長期影響下演化出以下4種適應機制。

①**厚硬葉片：**葉片厚硬，能抗強風；有的葉表披覆臘質或細毛、鱗片，可減少水份散失，陽光照射下顯得油綠光亮。

②**伏貼礁面：**礁岩上的植物易受強風吹襲，不論是喬木、灌木，大多聚生在礁岩頂部向陽處，主幹低矮隨岩面起伏生長，枝條上展向光，有些因強風而具有風剪效果；也有許多蔓性植物沿礁面密佈，將礁岩覆蓋。

礁岩植物密佈岩面上

③**蟠纏根部：**由於礁壁上有許多孔隙，加上化育的土壤十分淺薄，所以其上的植物根部大多蟠纏穿梭其間，以便抓取更大的生存空間，並增加穩定性，形成盤根錯節的形貌。

礁岩植物的根緊緊抓住岩壁

④**種子傳播：**礁岩植物的傳播主要是靠鳥類取用其果實，種子隨著飛鳥的排遺四處散播，因此這些植物的果實常具有色豔味美的特性，可吸引鳥類。

風向

礁岩植物

3 復原史前生活

在恆春半島上有六十多處史前遺址發現地，經考古學家的調查研究發現，這些遺物是5000年前至2500年前先民的遺跡。鵝鑾鼻半島上的史前住民據推測可能是從中國大陸東南沿海而來，是恆春半島上目前所知最早的住民。

然而，先民已往，無緣親眼目睹，目前只有「又一村」一處可供憑弔追憶。「又一村」看來雖然一片荒煙蔓草，但在數千年前卻是鵝鑾鼻史前住民的聚居之處，在此可從四周環境來了解當年的生存環境。

生存環境：數千年前，鵝鑾鼻半島尚未抬升至今日的高度，從古老的石灰岩層崩落下來的岩塊一直散置在海

又一村曾是鵝鑾鼻史前住民的聚落

岸，靠海維生的史前住民居住在海岸礁岩的避風處，有時也到岩塊頂層活動，躲避巨浪與蚊蟲。岩壁上潺潺滴下的水與地下伏流可供給飲用水；四周海域與密佈的叢林，能方便取得食物燃料，附近的緩坡地亦可以栽培糧食作物。

下圖就是依據環境與出土遺物，來推想鵝鑾鼻史前住民的生活——

①**製作陶器**：做為烹煮器材，或儲存食物和水。為了美觀，表面印有紋飾或塗有彩繪。

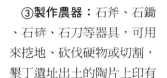
陶器

②**搓繩紡線**：由出土的陶紡輪可知鵝鑾鼻史前住民已經會紡線了。

陶紡輪

③**製作農器**：石斧、石鋤、石磋、石刀等器具，可用來挖地、砍伐硬物或切割，墾丁遺址出土的陶片上印有稻穀痕跡，推測當時已具有農作物的生產技術，會種植穀類。

石磋

石刀

④**打獵**：從出土的獸骨與骨器來看，打獵也是重要的生計活動。他們用岩石做成槍頭、矛頭、石磋等器具，繫在木柄上射捕獵物。

槍頭

⑤**漁撈**：他們不但會釣魚、撈魚，也會到遠海追捕旗魚。此外，由出土的大量貝殼和貝刮器來看，貝類在當時是一項重要的食物來源。

貝刮器

177

4 看珊瑚礁海濱植物

公園南側外圍有一條海濱棧道，可觀賞珊瑚礁海濱植物分佈的情況。對照下圖，可分成「海岸灌叢帶」、「水芫花優勢帶」和「海藻帶」3 個層次來看，不妨彎下身來觀察這些植物，一邊對照圖鑑來認識。

鵝鑾鼻公園的植物在靠近內陸的地方，因可避風，植物生長繁盛。但在臨海的地帶，直接面對海水鹽霧的衝擊，呈現出截然不同的景象。

層狀分佈： 沿著步道，可看出海濱植物約與潮線平行，由海濱向內陸呈層狀分佈，頗為明顯。層與層間會因

海岸灌叢頗為繁茂

海岸灌叢帶： 位在極端高潮線和平均暴風浪線之間，是海濱棧道靠近內陸的地帶，距海平面約20～25公尺。由於海拔較高，海水的影響減弱，土壤開始化育堆積，植物有較大的生長空間，所以此處植物較多，植物高度約 1～3 公尺。常見的有草海桐、黃槿、葛塔德木、臭娘子，間有些許白水木和林投。這些植物形成一道屏障，減少鹽霧、強風的影響，使內陸的灌木或喬木得以生長。（↻圖鑑P.7）

極端高潮線

水芫花優勢帶： 位在平均高潮線和極端高潮線之間。以水芫花為主角，即使寒冬季節仍常綠不凋。這一段海岸線是平時海水所不能及之處，離海平面約15～25公尺，但土壤淺薄、鹽霧極重，植物大多沿著風切面低矮匍生，高度約在0.1～0.3公尺之間。另外鵝鑾鼻蔓榕與乾溝飄拂草散存於珊瑚窪穴坑內，為數不少。（↻圖鑑P.7）

潮線的高低而有短暫重疊。海濱步道的所在正好是一分界線，所以能明顯的感覺出兩旁植被有所差異，一邊是海岸灌叢帶，一邊是水芫花優勢帶。

海濱植物特性：在烈日、海淘、鹽霧與土壤生成不易等不利因素下，環境惡劣，植物生長受到壓抑，樹冠被壓低，無法發育成高大的森林。為了生存繁衍，此區的植群物種演化出抗風、耐鹽、耐乾旱的基本特性，在絕處創造出欣欣向榮的綠意。

何謂潮線？

要認識海濱植物的層狀分佈，先來認識一下什麼是潮線？

一般人謂一個月之中潮漲至最高處叫大潮或高潮，反之叫小潮或低潮。高潮線所能及之最高處叫極端高潮線；而颱風來襲時，暴風浪潮所能及之處叫暴風浪線。

陸　　　　　　　　　　　　暴風浪線
　　　　　　　　　　　　　極端高潮線
　　　　　　　　　　　　　高潮線
　　　　　　　　　　　　　低潮線

東海岸地區

水芫花終年綠意盎然

海藻帶：位在平均高潮線與平均低潮線之間，由於海浪長期沖刷與烈日、強風侵襲，一般植物無法生長，只有髮絲狀和條狀的海藻生存其間。

平均高潮線

注意：小心風浪，切勿擅離棧道。

179

5 燈塔巡禮

鵝鑾鼻燈塔建於清光緒 8 年（1882），是台灣本島上最古老的燈塔，不但擁有「東亞之光」的美譽，同時也是目前世界上唯一的武裝燈塔。

遊完燈塔後若還有時間，可至附近「台灣最南點」，此地立有地標一座，是真正的「台灣尾」。

台灣八景之一：佇立在燈塔旁，眼前萬頃碧波，下有蓊鬱的熱帶森林，氣象萬千，使人身心為之舒展開朗。燈塔為雪白圓形柱身，日治時期，鵝鑾鼻燈塔及附近美景曾被日人列入台灣八景之一，並於燈塔旁豎立了一「台灣八景鵝鑾鼻碑」。

接下來，在展開精采的燈塔巡禮之前，先來認識地理形勢及歷史背景——

地理形勢

鵝鑾鼻半島是台灣本島的最南端，燈塔位在半島南側高處，東臨太平洋

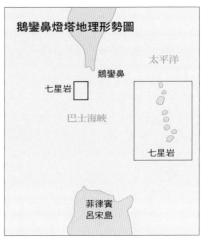

鵝鑾鼻燈塔地理形勢圖

太平洋

鵝鑾鼻

七星岩

巴士海峽

七星岩

菲律賓
呂宋島

，南面巴士海峽，與菲律賓的呂宋島遙遙相對。背山面海的地勢，視野遼闊，是眺望巴士海峽的最佳地點。

台灣南端海域暗礁頗多，尤其是在半島的西南端約 9 海浬處（一海浬＝1852公尺），有數顆大礁岩南北排列，綿延約 1 公里，俗稱「七星岩」。此處是巴士海峽和太平洋的浪潮衝擊地，波濤猛烈，船隻來往風險甚多，鵝鑾鼻燈塔的照明，就成為這一帶海域安全航行的護身符。

歷史背景

鵝鑾鼻半島南方的海域自古以來航線發達，船舶往來頻繁，但海中暗礁甚多，船難事件頻傳。

羅發號事件：清同治 6 年（1867）3 月，美國商船羅

鵝鑾鼻燈塔居高臨下，地勢險要且風景優美。

發號由汕頭赴牛莊航行途中，遇見風暴迷失了方向，漂流到七星岩一帶觸礁沈沒，船員好不容易逃生至鵝鑾鼻一帶登岸，卻被當地住民殺害。其中有一人倖免於難，逃至打狗（今高雄）報官。美方因此向清廷交涉，一方面請托英國兵艦前去勘查，卻遭住民襲擊，無功而返。

當時，美國駐清廷大使李禮讓曾向清廷提出抗議，但清廷總以「生蕃不歸地方官管轄」，或「台地生蕃為王化所不及」予以推託。6月，美方終於按捺不住，南來討伐又被擊退，美方於是繼續增援。

直到9月，清廷迫於外交壓力，才派提督劉明燈來台處理。劉明燈率兵500名和美軍聯合進兵，在英人必麒麟的幫助下，於瑯嶠和當時十八番社大頭目簽定和平條約，明令住民不得侵犯航海者的安全。劉明燈行經車城時曾留下此行記錄，並刻文於碑石上，碑石目前存於車城福安宮門前。（⇨P.57）

和平條約雖已簽定，但對住民似乎沒有足夠的約束力。在此之後，恆春半島沿海又發生了幾起船難及船員被恆春半島住民殺害事件，其中包括牡丹社事件的琉球64人在東岸八瑤灣口發生的船難。（⇨P.61）美、日等國不停抗議，認為有建築燈塔的必要。清光緒元年（1875），清廷在外交壓力下，委託必麒麟南下到鵝鑾鼻與當地住民交涉，並勘查燈塔建地，最後以一百銀元向龜仔角社原住民買下燈

日治時期的鵝鑾鼻燈塔

塔預定地。

武裝燈塔： 7年之後，清廷正式關山建塔，但當時的住民以為燈塔是監視之用，建造過程中仍不時侵擾，建塔工程備受阻礙，清廷遂派兵鎮守保護。

光緒8年（1882），鵝鑾鼻燈塔正式落成。基於武裝保衛的緣故，燈塔基座築成砲壘形勢，以塔基做砲台，圍牆上設槍眼，四周設壕溝，備有槍械自衛並派有武裝士兵守衛。直至今日，鵝鑾鼻燈塔仍是世界上獨一無二的武裝燈塔。

光緒21年日人據台後，除予以整修外，又在左側山丘建立神社。1904年，燈塔架設電話線路，成為恆春地區第一部電話。第二次世界大戰時，燈塔遭盟軍猛力轟炸而損傷慘重。光復後，我國海關才又再度修建。

東亞之光： 現在，鵝鑾鼻燈塔的亮度幾經加強，可照射20～30海浬之遙，是目前台灣地區光力最強的燈塔，因此博得了「東亞之光」的美譽。百餘年來，鵝鑾鼻燈塔不知為多少航行於附近海域的船隻指引迷津，儼然是航海人的生命之光。

東海岸地區

燈塔建築

百餘年後，先住民的侵擾早已遠颺，鵝鑾鼻燈塔守護著南太平洋已超過了一個世紀。從海面看來，純白的塔身襯著青山和湛藍海面，亦不失為附近海域顯著的導航目標。

燈塔的基地平面近似長方形，塔基四周設有濠溝，四面圍牆設有槍眼，東南方和西北方各有一座碉堡，建築物全漆成白色，整體造形簡潔大方。嫩綠的草坪樹叢、蔚藍的天空海洋、與粉白的低矮房舍，營造出燈塔寧靜優美的氣氛。

現在就一起參照下圖，配合解說來仔細遊賞燈塔的建築。

碉堡：燈塔的兩個角落設有碉堡，內可駐兵守衛。碉堡上方的凹凸小牆——雉堞，可掩護射擊，增強防禦能力。

展覽室：內有具體而微的燈塔模型、台灣燈塔歷史與簡介、圖片、器材等展示品。

辦公室

值班室

儲藏室

槍眼：圍牆每隔 3.5 公尺左右就有一個槍眼。

發電室

入口

壕溝：位於圍牆外圈，深 1.8 公尺，使敵人不易跨越。

員工宿舍

集水坪：恆春半島氣候乾旱，雨水集中夏季，屋頂做為集水坪可幫助集水，雨水經水管流入儲水池。

宿舍及廚

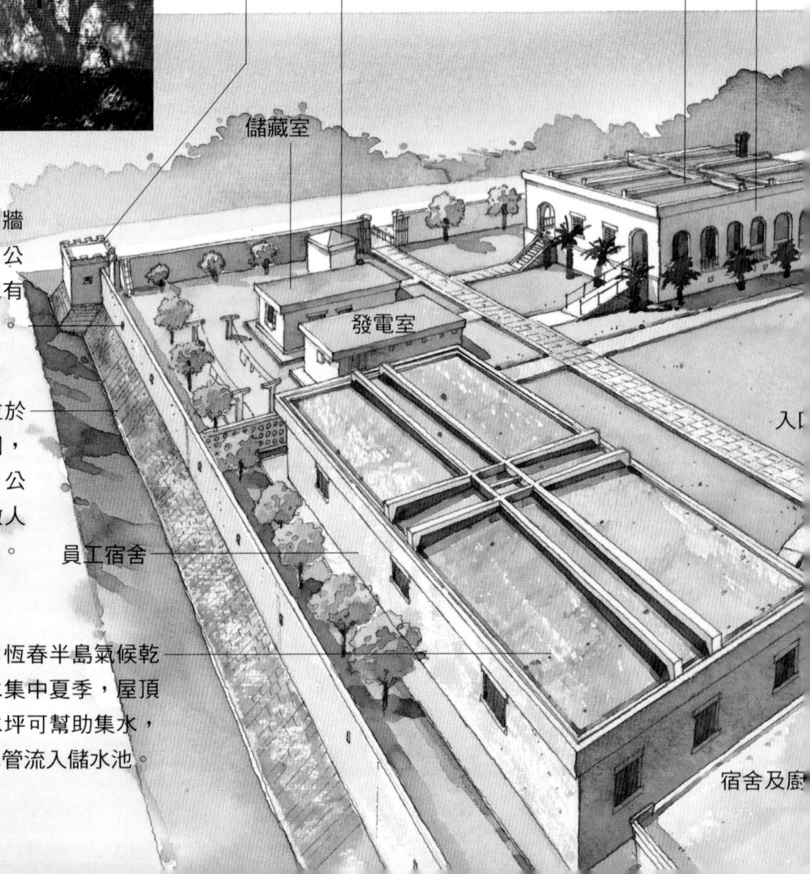

風向儀：有上下兩部份。上方做成箭頭狀，能隨著風向自由轉動；下方是固定的東西南北方向指標。

頂蓋：以12片如瓜瓣的銅板組合在一起，為防止海邊的鹽霧侵蝕，表面塗上黑色的防鏽漆，外表並設有腳手架，以方便上漆及維修。

燈室：放置燈具的空間。

燈具：是1500燭光的大型燈泡，外圍矗立 3 面直徑約90公分的水晶凸透鏡。燈光穿過透鏡會聚成 3 條 180 萬燭光的強烈光束，並以30秒一周的速率旋轉，所以每隔10秒就可以看到一束光，光程遠達27.2海浬。

燈籠玻璃：可以保護燈具免受日曬雨淋及鹽霧侵蝕。玻璃以框架組立的方式來增加抗風壓的強度，靠近頂蓋的地方有11個通氣孔，以散發燈具發光時產生的高溫。白天不用時都拉上幕簾，避免燈泡因強烈陽光再加上透鏡的聚光而燒壞。

修護平台：提供頂蓋的維修空間。

修護陽台：也叫塔台，提供塔頂外部的維修空間。陽台以螺栓組立方式固定，下方以鑄鐵牛腿支撐，有濃厚的西洋古典裝飾意味。

儲水池：建塔之初設有 9 個，光復後增設 3 個，在沒有自來水的時代，是最重要的水源地，至今仍繼續使用。

塔身：白色圓柱形，高21.4公尺，共有 6 層。外層由生鐵鑄造，可看出焊接的痕跡。內層壁面是用白石灰、糯米、蚵殼混合的古法做成。1 到 4 層是樓梯間，第 5 層是控制室，主要在操縱電源。第 6 層是燈室。塔身外層塗上白漆，不僅顯眼，也具有保護結構及隔熱的作用。

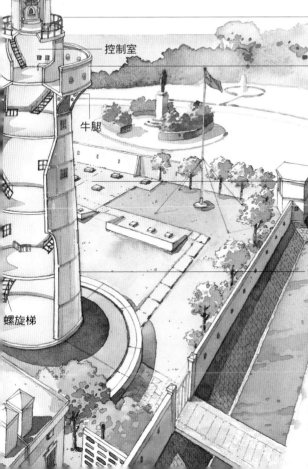

控制室

牛腿

螺旋梯

鵝鑾鼻燈塔目前有 6 位管理員和 1 位主任，每天至少要有 2 位人員值班。日落燈塔開燈後，他們就輪流在值班室守夜。白天不開燈，比較清閒，主要工作是維持燈塔內外的清潔、器材保養和定期油漆塔身。但有時遊客眾多，也得兼負解說的責任。雖然管理的工作並不複雜，燈塔卻是全年無休，不論是狂風暴雨的夜晚或闔家團圓的農曆新年，管理員都不能缺席。身負航海人的安全大任，他們可說是真正的無名英雄。

台灣八景

在鵝鑾鼻燈塔旁有一方「台灣八景鵝鑾鼻碑」，這是立於昭和二年（1927），當時台灣北部第一大報──《台灣日日新報》，以票選方式選出台灣八景，鵝鑾鼻燈塔雀屏中選，其他的七景分別有：基隆旭岡（今基隆市）、淡水、八仙山、日月潭、阿里山、壽山與太魯閣峽谷。

1929年，經審查委員會視察確定，鵝鑾鼻燈塔正式成為台灣八景之一。同年12月，日人在此豎立「台灣八景鵝鑾鼻碑」，以資紀念。

關於鵝鑾鼻燈塔及附近的美景，有兩首著名的詩句。清代詩人鍾天佑有詩云：「鵝鑾山勢撲濤頭，力挽飛篷眼底收；日午青波沈暑氣，夜深月明滾寒流。危樓百尺燈常耀，巨石千尋影半浮；碧海汪洋迷遠眺，痴情偏欲問閒鷗。」日人尾崎白水亦有詩讚詠：「絕南一角屹燈台，落日登臨海色開；奇勝如斯今始見，激濤高蹴九天來。」

日人所繪的鵝鑾鼻風景明信片

台灣的燈塔

在台灣，燈塔是設有工作人員駐站管理的，其餘則稱為燈杆。

台灣地區西鄰亞洲大陸，是東亞和南洋的重要中繼站，加上海岸線綿長曲折多暗礁，沿岸及離島設立的燈塔共有34座之多，目前都歸財政部海關總局管轄。

台灣的燈塔中，年代最久的是建於清乾隆43年（1778）的澎湖漁翁島石造燈塔。傳統的燈塔形式有旗杆、燈杆或頂部鑲玻璃的石塔，以香燭燈油為燃料。五口通商之後，船運繁盛，便引入西式燈塔，目前現存的燈塔大部份是日治時期所建造。

每一座燈塔閃爍的頻率都不一樣，造型也各異，船員就是以此來辦別燈塔及方位。日落時分，34座燈塔紛紛亮起，彷彿海上的紅綠燈。

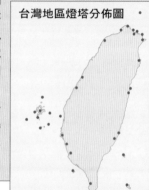

台灣地區燈塔分佈圖

6 眺望海階

　　鵝鑾鼻公園中有許多高處，例如高架在珊瑚礁石上的滄海亭、迎賓亭，還有鵝鑾鼻燈塔和蔣公銅像所立之處，都能眺望鵝鑾鼻至貓鼻頭之間美麗的海岸線。有趣的是，眼前美景也正是一幅墾丁地區的石灰岩海階圖。

　　恆春半島是台灣本島海岸抬升地形最豐富的地方，隆起的珊瑚礁正是最好的抬升證據。

　　從鵝鑾鼻公園可看見4層不同高度的海階面，計有「龜仔角面」、「埔頂面」、「墾丁面」和「西台面」，高度在10～300公尺之間。高度越高，代表著地層年歲也越高。以下以迎賓亭遠眺的景觀為例，將海階標示如下。

石灰岩海階的形成

　　海階是海蝕平台在陸地抬升後形成的平面，由於板塊運動不同頻率的抬升陸地，遂產生多層次的海階地形。

　　大約數十萬年前，恆春半島淺海海底長滿了珊瑚，死後的遺骸沿著海岸堆積成珊瑚礁。後來板塊運動推擠，海底珊瑚礁被抬升、露出海面，形成一個階面。這時海底仍繼續堆積新的珊瑚礁，如此反覆下去，海階一層層往上升高，分別到達目前的高度。

從鵝鑾鼻高處遠眺的美景

東海岸地區

西台地面：海拔20～50公尺，主要是恆春西台地。

墾丁面：海拔10～20公尺，指屏鵝公路一帶。

埔頂面：海拔50～70公尺。

龜仔角面：海拔約300公尺，延伸至墾丁森林遊樂區一帶。

2 龍坑

自然生態保護區

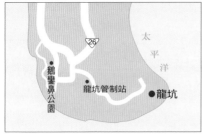

　　想一睹巨石纍纍的崩崖，最佳賞景之處，非龍坑莫屬。龍坑位於東海岸的最南端點，目前已列為生態保護區，欲進入須事先申請，並至管制站聽取簡報。

生態保護區：龍坑全區為一隆起的珊瑚礁，在大自然長期雕造下，形成特殊的地形與植物資源，加上人跡罕至，可提供種類眾多的植物、鳥類與爬蟲類滋養生長，具生態研究價值，因此列入自然生態保護區。

　　龍坑以粗獷原始的地形景觀聞名，尤其是崩崖、珊瑚礁台地和峽谷。隆起裸露的珊瑚礁台地位於東南方，嶙峋怪異，極似龍形，據聞地名由此而來。由此北眺東海岸的崩崖，最是雄奇。當東北季風吹起，驚濤拍岸，十足展現了龍坑生猛有勁的自然魅力。

　　此外，龍坑海濱還有一處平坦的草原，以成簇的白水木和珊瑚礁上大片的水芫花最為搶眼，兩者都是在台灣的最大植群。

　　下面就從海濱草原開始，循序一周來暢遊龍坑。

龍坑導覽地圖

　　由龍坑管制站往前續行約 1.3 公里，過了林務局種植的防風林和林投灌叢後，才會到達本站要導覽的珊瑚礁區，全程約需 2 小時。

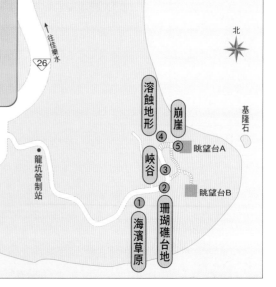

海濱草原

防風林的盡頭，是一片低平的海濱草原，構成草原的植物主要有馬鞍藤和海埔姜，另有白水木和草海桐組成的低矮灌木叢散佈其間；水芫花則像一片綠絨地毯，從海濱蔓延至高處的珊瑚礁台地上。夏天時，草原宛如錦織，秋冬則一片枯黃，可謂各具風貌。（ ▷ 圖鑑 P.7 ）

草原中最醒目的是水芫花和白水木，兩者在龍坑都有其特殊地位，秋冬之際依然明綠亮眼，適合就近觀察。

觀察水芫花

在龍坑，季風帶起的鹽霧漫天披灑，使得本處成為本省水芫花群落中生長範圍最大、區位最高的地方。臨海多鹽、多風的岩生環境，大多數植物無法適應，而水芫花可以打敗群雄在此據地為王，可謂天賦異稟。（ ▷ 圖鑑P.18 ）

種子：外皮有海棉質的肉翅，有利於海漂作用。

花：全年皆是花期，開白色小花，花序均密佈灰白色短毛，有保存水份的作用。

形體：大部份以矮灌叢的形態存活，幾株成簇遍生礁岩上，在強風吹襲下高僅約50公分左右，常隨著風向呈現出「風剪」效果或呈圓團狀。莖部沿著礁岩攀爬，根部附著在凹窪淺土內，盤旋甚深。

葉子：肉質短小的葉片肥厚多汁，在酷熱及海風下能保存水份。

觀察白水木

　　白水木原本僅能生長於海岸灌叢至海岸林間的狹窄地帶，或是礁岩上的淺薄土層。但在龍坑，白水木成團遍佈海濱草原上，成為台灣白水木最大的族群。（⇨圖鑑P.23）

形體：莖幹彎曲多枝，樹皮灰褐色，近觀整株毛茸，遠望則一片銀白。在避風處可長成昂揚的喬木，在龍坑為適應強風長成矮盤灌叢狀，是能屈能伸的海岸植物。

細毛：除枝幹外，全株皆被覆著銀色絨毛，這些細毛能保護葉片和花，阻隔鹽份和陽光，減少水份蒸散和陽光直接曝曬。

葉子：肉質葉片叢聚於枝端，綠中帶白有如蓮花盛開，常因強風與豔陽而捲曲。

花：3～4月開叢密生的白色小花，十分細緻。

果實：5～8月結果，深綠色的球形果實，呈珠狀排列成串，具軟木質，內部具有兩個空腔，能在海中漂流。

② 珊瑚礁台地

　　草原的東邊，一塊拔地而起的岩塊矗立眼前，外形扭曲虯勁，活像呼之欲出的猛龍，不難體會此處名為龍坑的道理。

　　這是一片珊瑚礁台地，位於龍磐台地的東南方。龍磐台地抬升的過程中產生了裂隙，後來愈裂愈大，兩條裂隙之間陷落成峽谷，使得眼前這片珊瑚礁台地好像與龍磐台地分離一般。

　　關於這片台地的形成，將與下一站「峽谷」一併介紹。

③ 峽谷

　　從視野開闊的草原轉入峽谷，氣氛為之一變，兩旁的礁岩如城牆般聳立。行走谷間，兩邊盡是陡峭的崖壁與縱橫的裂隙，寸草不生，景象蒼勁原始，氣勢懾人，有如亙古洪荒。

　　峽谷是珊瑚礁岩產生的裂隙，後來裂隙與裂隙之間陷落，加上海水侵蝕，擴大成峽谷地形。在這個過程中，峽谷底部一度低於

珊瑚礁台地岩形極似龍形

海平面，使珊瑚有機會生長，所以現在地面上仍存留許多珊瑚礁殘骸。

波平無風的時候，此處氣氛寧靜詭異；但到了冬天，猛烈的季風沿著峽谷長趨直入，巨浪激起的海沫漫天飛舞，特別能感受到大自然的威力。

珊瑚礁台地與峽谷的形成

龍坑的珊瑚礁台地與峽谷，都是龍磐台地抬升過程中產生的壯觀地形。

①裂出裂隙：龍磐台地由於板塊推擠運動而抬升起來。抬升之中，在今天峽谷的位置裂出了兩條裂隙。

②裂隙加大：台地不斷抬升，裂縫愈裂愈大，最後中間陷落。另一方面海水流入，侵蝕出廣大的峽谷地形。此時東邊的珊瑚礁台地正逐漸露出。

③形成今貌：陸地持續抬升，珊瑚礁台地和峽谷也抬的更高，海水逐漸退去，形成今日特殊的景觀。

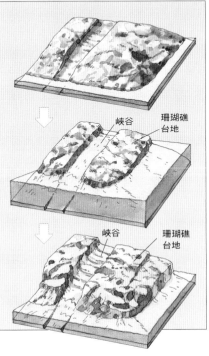

峽谷　珊瑚礁台地

峽谷　珊瑚礁台地

④ 溶蝕地形

　　步上棧道，來到珊瑚礁台地，低頭赫見一片崎嶇裸露的岩面，佈滿了大小坑洞，這是龍坑的奇景之一，屬於珊瑚礁的溶蝕地形。

　　溶蝕作用：這片堅硬黝黑的珊瑚礁台地，以危崖之姿緊臨太平洋與巴士海峽，直接面海衝風，經過長年的淘洗溶蝕，雕琢出這片尖銳的岩面，比先前在海邊看到的礁岩，刻痕更深，更加嶙峋。風平浪靜時看來詭譎荒涼，狂風暴浪時又有雷霆萬鈞之勢。

　　看似光禿的岩面並非毫無生機，粗糙小坑中猶有葉片肥厚短小的海馬齒強韌生長（⇨圖鑑P.10），令人嘖嘖稱奇。

名的「崩崖」景觀。珊瑚礁在隆起的過程中，受海水侵蝕及重力影響所致，造成珊瑚礁沿著裂隙崩落。在眼前的懸崖上方，甚至腳下站立的珊瑚礁台地邊坡，有些岩層已張裂開來，正伺機崩滑而下，看來驚險萬分⋯⋯由此可以想見崩落發生時驚天動地的場面。崩崖景觀在下一站「龍磐」亦可見到，關於它的形成屆時將有詳細的介紹（形成⇨P.194）。

　　聽濤觀浪：是龍坑一項令人難忘的體驗。冬日風起時，海水猛力撞擊礁岩，掀起陣陣淘天浪花，夾帶著澎湃潮聲，常教人驚呼不斷。眺望點B可欣賞基隆石矗立在驚濤駭浪中的英姿，直可媲美船帆石。當海水從基隆石身後的平台狂瀉奔流而下，就有洶湧磅礡的海瀑景觀出現。

⑤ 崩崖

　　由步道眺望點A向北望，一座弧形海灣向陸地凹入，氣勢磅礡；海崖邊散落許多巨大石灰岩塊，頗有亂石崩雲之勢。

　　崩崖：這些巨石纍纍的岩塊就是著

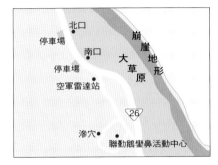

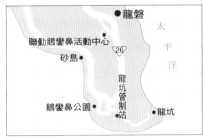

過龍坑沿台26號省道往北走，會經過一個看來好似一球綠色薄荷冰淇淋的大雷達，隔著馬路有一片大草原，接海連天，引人駐足，這裡就是龍磐草原，也叫「龍磐自然公園」。

石灰岩台地景觀：草原靠海的一方正是崩崖的崖頂，崩崖近在眼前。此外，聯勤鵝鑾鼻活動中心前方有一大凹穴，是個幼年期的石灰岩地形——「滲穴」，十分可觀。

天象之美是另一項重頭戲。龍磐不但是觀星的絕佳地點，還有日出、日落或坐看雲起的變幻莫測，全都一覽無遺，從早到晚都有看頭。

來到龍磐，可將車停在路邊停車場徒步進入，再參照後頁各個主題導覽，先悠遊草原，親近崩崖地形和滲穴，最後再好整以暇的來欣賞各種天象變化，上天下地，盡收眼底。

此處地面上有許多大、小裂溝及滲穴，要特別留心以防跌入。

龍磐有壯闊的崩崖景觀

東海岸地區

191

1 徜徉草原

徜徉遼闊的草原，欣賞曲折綿延的海岸線，令人心曠神怡。

龍磐草原的四季各有不同的特色：春日時和風柔麗適合散步，夏日時豔陽高照教人無處可逃，秋後草木漸漸失色，卻捎來候鳥蹤影，冬天無疑的是東北季風表演的時節。

草原的形成：由周邊的灌叢看來，此處原是遍生海岸植物的，但附近居民為了方便放牧，將灌木砍去並焚燒殘株。在牛、羊來到之後，長期的啃食踐踏下使得灌叢不再生長。加上每到冬天，幾乎長達半年的東北季風吹襲，更加使草木得不到長高的機會，久而久之，這地方就這麼改頭換面，變成一片平坦的草原了。

草原植被：草原上有許多可愛的小草家族，不妨一邊蹲下找一找，一邊對照圖鑑。常見

土丁桂

的有土丁桂、馬鞍藤，為了適應草原的強風，呈低矮的匍匐狀；還有雞觴刺一身尖刺，常教不注意的遊客跳腳；以林投為主的矮灌叢則沿著裂縫成排生長。（↻圖鑑P.7）

雞觴刺

草原飛客：春夏之際，常有身材嬌小的小雲雀，為吸引雌鳥的青睞，帶著清亮遠颺的歌聲上下飛翔，此起彼落不絕於耳，是草原上的微風歌手。

秋後東北季風漸起，吹來了候鳥的蹤影：空中的紅隼或定點停飛、或御風而行；另外，一身羽色與枯草相似的金斑鴴在草間覓食，幾乎令人分辨不出身形，這些，都是草原上的常客。（↻圖鑑P.49）

體驗東北季風：慓悍的東北季風在平廣的草原上放肆席捲，使人在風的推拖拉扯下非但邁步艱難，還得承受著疾勁拍打的衣袂和零亂如劍立的頭髮，是難得的經驗。

一望無際的龍磐草原

眼下縱帶

風中紙鳶——紅隼

秋冬候鳥南遷時，紅隼不畏人
類活動的影響，成為龍磐草原上
空常見的鳥客，如果飛的不會太
高，即使用肉眼也能看得清楚。
（⇨圖鑑P.64）

習性：紅隼約在每年的9月至翌年4
月來台度冬，經常出沒在沼澤、農田和
草原開闊地，或者停棲在樹葉稀疏的樹
冠或電線桿上。大多時候，紅隼在地面
獵取小蟲、小老鼠，有時會在高空定點
振翅，等待獵物出現。

胸部有黑色條紋

黑色橫帶

尾巴向前打開呈扇狀

逆風定點振翅：當紅隼要覓食之前，
會在空中定點振翅，此時身體略向後傾
，尾巴打開呈扇狀，翅膀會做小幅度的
鼓動，翅膀和尾羽的黑色橫帶十分明顯
，是辨識的重點。由於翅膀鼓動的輻度
微小，在地面上看來就好似定格不動一
般，這樣的紅隼活像風中紙鳶飛揚在藍
天上。當牠一發現獵物，就迅速收尾垂
直俯衝而下捕食。

另外，紅隼在地面進食時，如果受到
干擾，牠還會把食物帶到空中，一邊鼓
動翅膀一邊繼續吃。

紅隼飛翔的英姿

東海岸地區

小雲雀的求婚絕技——飛唱

住在空曠地的小鳥在繁殖季時，雄鳥
會邊飛邊鳴唱，以達到吸引異性的目的
，這種行為稱做「飛唱」，小雲雀便是
箇中的高手。（⇨圖鑑P.65）

小雲雀平時多在草地上覓食，到了
春夏之際，雄鳥會一邊高聲鳴叫一邊
快速振翅，從平地拔起直上青空，然
後定點鼓翅繼續高歌，清晰響亮，綿
久不絕。

就在人們幾乎見不到牠在高空的蹤

影時，牠又會突然一路降落直下地面，
快觸地前一個急速收勢平飛落地。春天
的小雲雀就用這樣的特
技表演來吸引雌鳥的
注意。

小雲雀

193

2 親近崩崖地形

　　龍磐草原靠海一側有一段綿延約5公里的「崩崖」，是本區必看的特殊地形。龍坑所看到的崩崖是遠方的景觀，但在龍磐，則可從側面和頂部來親近崩崖。

　　在此建議一邊對照右圖，先從北口進入，遙望崩崖的側面特徵，如「崖面」、「階梯狀地面」和崩落的岩塊。接著再轉往南口，直接走在崩崖頂上，一探「裂溝」、「崖面」和「紅土」的真面目。

崖面：是石灰岩層滑動時破裂開來的破裂面。外觀陡直，石灰岩裸露在外，少有植物生長。

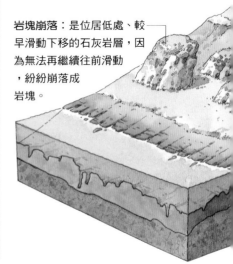

岩塊崩落：是位居低處、較早滑動下移的石灰岩層，因為無法再繼續往前滑動，紛紛崩落成岩塊。

崩崖的側面呈階梯狀

崩崖的形成

　　龍磐台地上的石灰岩為何經常崩落成「崩崖」呢？一起來了解其中奧秘──

　　①雨水匯聚底部：龍磐台地的石灰岩覆蓋在一層泥岩之上。泥岩較不透水，當雨水從岩縫向下滲入，就在泥岩與石灰岩之間匯聚。

石灰岩

泥岩

　　②石灰岩溶蝕下陷：地下水會逐漸溶蝕石灰岩的底部，造成底部呈懸空狀態並形成滑動面。當石灰岩無法承受自身的重量，就會逐漸向前下滑，在地面撕裂出與懸崖平行的「裂溝」。

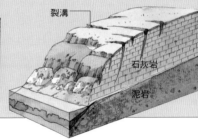

裂溝

石灰岩

泥岩

階梯狀地面：石灰岩層向崖側逐漸張裂、滑落，使地面層層下降如階梯狀。緩坡上長滿了茂密的灌木草叢。

裂溝：一道一道與崖邊平行，是發育崩崖的早期地形，代表著岩層正要撕裂開來、向下滑動，通常會露出「紅土」或長滿灌木。有的大型裂溝長可至數十公尺。

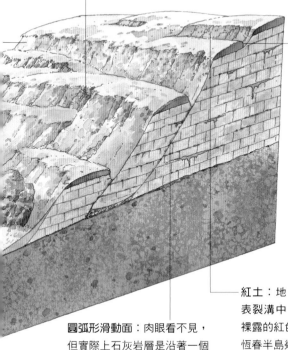

紅土：地表裂溝中裸露的紅色土壤，這種土壤稱為「紅土」。恆春半島幾個台地的地表，都有厚層的紅土層，其中以龍磐最為明顯。

圓弧形滑動面：肉眼看不見，但實際上石灰岩層是沿著一個圓弧面，向下緩慢滑動。

③形成崩崖：地下水不斷溶蝕石灰岩底部，使岩層向下滑落，形成不同高度的階梯狀地面。而裂溝的裂面會逐漸拉大成陡直的「崖面」。當下方的岩層無法再往下滑動，便向前崩落，形成崩崖。

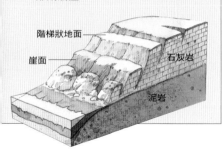

階梯狀地面

崖面

石灰岩

泥岩

紅土是怎麼形成的？

龍磐台地隆起已有數萬年的時間了，石灰岩在風化成土壤的過程中，會逐漸流失鉀、鈉、鈣、鎂等礦物質，但鐵元素不易流失，大量殘留在土壤中，最後氧化成紅色的「氧化鐵」，使土壤變成紅色。風化的時間愈長，土壤的顏色就愈紅。

平坦的龍磐台地表面，由於溶蝕速率非常緩慢，土壤才有足夠的時間留在地表上，形成紅土。

3 探訪大滲穴

在聯勤鵝鑾鼻活動中心北館的右邊，有個偌大的洞穴位在停車場旁，當地人稱做「仙洞」。這種圓形的巨大

聯勤鵝鑾鼻活動中心

窟窿屬於「幼年期」的石灰岩地形景觀，叫做「滲穴」，其規模在恆春半島上堪稱第一。

在此不僅可親眼目睹大滲穴，還可順著人工階梯，趨步往下一探究竟，但因洞穴內幽深漆黑，須攜帶照明設備。其中可見許多形成中的鐘乳石（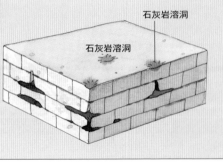P.142），是尚未發育成熟的石灰岩溶洞。

龍磐台地地表平坦，草原上偶爾可發現一些大大小小的坑洞，有的凹坑內長滿了灌木草叢，這些都是正在發育形成中的滲穴。

滲穴的過去、現在與未來

「滲穴」究竟是如何形成的？「仙洞」目前屬於幼年期的石灰岩地形，但到了壯年期、老年期，又將變成何種面貌？一起來瞭解──

①抬升台地：在數萬年前，龍磐台地因板塊推擠運動被抬起。

②形成石灰岩溶洞：雨水常會沿著裂隙滲入石灰岩，溶蝕掉地底的石灰岩，形成「石灰岩溶洞」。

滲穴

滲穴

石灰岩溶洞

石灰岩溶洞

③溶蝕成滲穴：石灰岩溶洞上方有時會形成小規模崩塌，使得台地地表下陷出圓形的凹坑，稱為「滲穴」。龍磐台地目前正處於此幼年期的石灰岩地形階段。

④崩落成石灰阱：石灰岩溶洞逐漸擴大，導致上方石灰岩大規模崩塌，和石灰岩溶洞相連通，滲穴就成了深邃的圓洞，稱為「石灰阱」。目前社頂台地和墾丁台地正在這個階段。

⑤出現桌山：未來，石灰阱將會日趨擴大，台地表面形成一塊塊獨立的「桌山」，進入石灰岩地形的壯年期。

⑥石林叢生：地表繼續被侵蝕崩塌，許多桌山的平台被侵蝕消失，只留下一根根突起如柱的尖峰，稱為「石林」，進入石灰岩地形的老年期。

4 欣賞天象之美

龍磐有許多聞名的特殊地形，但天空勝景亦不遑多讓。天氣晴朗的日子，不能錯過這裡的星空、日出日落與雲影。

優越地勢：龍磐草原最大的特色在於它的視野廣大。由於位在鵝鑾鼻半島的中段，地形起伏又小，在日月出沒的軌道上，沒有其他地形屏障，無論看日升日落、觀變幻雲影或望星月爭輝都可盡興。一個地方能盡覽如此的天象變化，而且又便利易達，在台灣可說十分難得。

觀星

龍磐是全台著名的四季觀星點，特別是「南十字座」，更是此處年度觀星盛會的主角。帶著手電筒、望遠鏡和星座盤，就可以輕鬆展開有趣的星座之旅。只是黑暗中要注意草原上的裂溝和滲穴。

墾丁代表星座：屬於南半球的南十字座可說是最能代表墾丁的星座，北迴歸線橫跨台灣，要看到屬於南半球的星座是不容易的事。墾丁是台灣地區除了高山和離島

外唯一能看到南十字座的地方。在台灣北部只能看到此星座的「上半身」，但在墾丁，卻能看到一個「水噹噹」、完整的十字架高懸在海平面上。

觀賞季節：每年的四、五、六月是觀看南十字座最佳的時機，由於地球自轉的影響，有時只出現 3 小時左右，驚鴻一撇。

尋找南十字座：春天晴朗的夜晚，在南方的地平線上，由上下左右 4 顆亮星，排成十字架模樣的星座，就是有「小而美」之稱的南十字座。早期的航海家在南半球航行時，常以它當「指南針」。將十字架的長邊連接後，向南方延伸 5 倍半的距離，就是南極星的位置（但在台灣無緣目睹）。

值得一提的是，找到南十字座後，將視野慢慢沿著地平線向左方移動，可以看到左右兩顆亮星並列在地平線上。左邊的亮星稱為「南門二」，它是距離太陽系最近的一顆恆星。

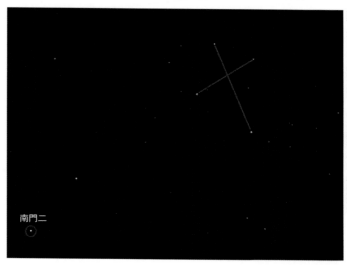
南門二

墾丁地區是台灣少數可見到完整南十字座的地方

日出‧日落

看日出與日落是墾丁地區的招牌活動。從無垠的大海上迎接晨曦是在西部台灣無緣享受的，而目送夕陽西沈則是在東部台灣無從體會的。但龍磐拜獨特的地勢之賜，兩者皆可兼得。

掌握日出日落時間表可以方便行程的安排（►P.267），晴朗的好天氣與太陽眼鏡是必不可缺的條件。龍磐公園是觀賞日出的上選之處，看落日則可往偏西的聯勤鵝鑾鼻活動中心。

日出前約莫1小時，海平面上就會出曙光，沖淡墨色夜幕，當景物開始清晰可辨時，表示太陽即將破海而出。極目遠眺，或可見到蘭嶼的倩影。

傍晚時分，眼看著一輪紅日漸漸下沈，帶著五彩絢爛的霞光沒入無垠大海，深遠遼闊，和關山落日有異曲同工之妙（►P.67）。

雲影

在龍磐草原上，可以散步，可以躺臥，可以坐著吹風看海仰望天空，觀賞變幻多端的雲彩。最特別的是，視野無限的龍磐能目睹「西北雨」的完整演出。

西北雨在台灣並不稀奇，但對身處都市的人來說卻很難看得到全貌。當西南季風吹過海面時，常吸飽溫暖潮濕的水氣，積聚成一塊一塊的積雨雲。所以夏日午後的龍磐，在晴空萬里的藍天中常會飄來一朵或幾塊下著雨的雲塊，來得快也去得快，有時還夾著雷電。如果置身在雲塊飄移的路徑下，會有在豔陽下被淋濕了一身的特殊經驗。一下子傾盆大雨，教人東奔西竄措手不及；一會兒又雨過天晴，是西北雨的最佳寫照。

東海岸地區

一塊正在下雨的積雨雲

199

4 風吹沙

台26號省道47K

過了龍磐公園的台26號省道，有兩種可觀的沙丘地形，一是「風吹沙」，一是「古沙丘」。

風吹沙

一到冬季，台26號省道旁經常堆積沙丘，最明顯的路段就是風吹沙。

沙丘的規模很大，從懸崖下側吹上路面，甚至跨越龍磐台地到達西側的船帆石，形成「沙河」。隔年春夏，沙子因風向改變，又沿沙河逆向吹回海邊，年復一年，周而復始。

自從省道開闢、林務局又種植木麻黃後，台地上的沙河長滿植物，冬日沙石漫天的景況已大不如前，但疾風吹動沙子拍打在肌膚上的刺痛，仍教人難忘。（形成見右頁）

沙丘在公路旁堆積

古沙丘

過風吹沙往北走，在迎賓碑隔著馬路的對面，有一些古老的沙丘膠結成堅硬的石灰岩，稱為「古沙丘」。另

由空中看風吹沙，有兩條沙河橫跨鵝鑾鼻半島

外，還有「風成大型交錯層」的特殊地形景觀，是別處看不到的。

生物碎屑石灰岩：古沙丘膠結成的

石灰岩是由破碎的珊瑚和其他生物殼體所組成的，所以又稱「生物碎屑石灰岩」。

風成大型交錯層：這裡的大型交錯層非常難能可貴，是由風吹疊出來的。往岩層側面一看，可明顯看出一層一層的斜層大致平行排列，而且傾斜角度超過了26度。一般說來，只有在陸地上堆積的沙丘，才會出現斜角這麼大的交錯層，若是在水中形成的，不會超過26度。

「風」如何「吹沙」？

風吹沙的形成，主要歸功於東北季風的吹送——

①**起風堆積沙丘：**每到冬季，強勁的東北季風將太平洋沿岸的沙吹向龍磐台地，但被崖壁阻擋，在崖壁下堆積，形成沙丘。

②**形成沙河：**沙丘逐漸堆高，最後越過了崖壁，堆向台地面，並且在台地凹溝堆積，形成「沙河」。有時沙河還會流過西側的崖壁下。

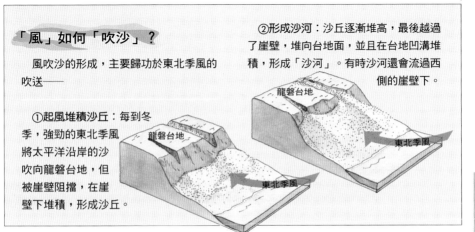

龍磐台地
東北季風

龍磐台地
東北季風

古沙丘的形成

海底珊瑚礁中，生長著珊瑚、貝類等生物，古沙丘就是這些生物的遺骸所組成的石灰岩地形。

①**形成生物碎屑沙：**海底生物的碎塊及殼體被海浪打成破碎細沙，冬季東北季風強勁，將細沙吹向內陸。

②**堆積膠結：**沙子順著背風面斜坡一層層堆積，造成平行傾斜的「風成大型交錯層」。生物碎屑沙的成份大多是碳酸鈣，很容易被水溶解填入沙粒間的孔隙，如此一來便將沙粒膠結在一起，形成「古沙丘」。

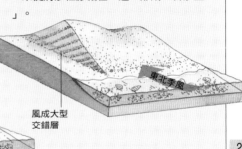

風成大型交錯層
東北季風

東北季風

5 港口村

趨車經過興海路，就正式進入滿洲鄉了。

體驗了疾風勁暴的風吹沙後，不妨在綠意盎然的港口村小憩片刻，喝杯港口茶；品茗之餘，可至溪畔或吊橋漫步（須付費），再到出海口欣賞「沒口溪」地形奇景。

港口村：位在港口溪下游、台26號省道和200甲縣道交會處一帶，是個依山傍水的寧靜小村落。村中菜園、稻田羅列，林木蓊鬱，景色十分清幽怡人，是此次東海岸行程中最後一個聚落。

港口茶：港口村出產恆春三寶之一的港口茶，是台灣北迴歸線以南唯一、也就是台灣最南端的茶產，歷史已達百年之久，量少質佳，先苦後甘的滋味令人難忘。

沒口溪：港口溪每到冬天，出海口常被沙灘堵住，溪水彷彿流不出去，這種特殊景觀稱為「沒口溪」，值得一探究竟。附近的漁村公園是不錯的觀景點。

港口村以產港口茶聞名，景色清幽怡人。

港口白榕：港口村還有另一個著名景點，就是「恆春林業試驗所港口工作站」內的白榕園，俗稱「港口白榕」（有關白榕⇨P.140）。白榕在此一樹成林，十分壯觀，萬縷細絲懸掛蔭下，疏條交映，林相優美。這個地方並不開放，若要參觀須先聯絡林試所（☎⇨P.268）。

港口白榕一樹成林

品嚐港口茶

乍喝港口茶的人大概都會對它的苦澀倍覺印象深刻，但剛入口時的苦澀，使得稍後回口感更覺甘潤，氣味芳香濃烈，正如恆春半島居民的個性：爽直乾脆。

以台灣而言，茶葉多半產在氣候宜人、多雨多霧的中北部山區，港口村出人意表的卻以少霧少雨、多陽光與海風的獨特氣候，產出了具有特色的港口茶。

港口茶的故事：港口茶以種植於港口村而得名。最早的記載首見於《恆春縣誌》，清光緒年間，恆春第一任知縣周有基愛好喝茶，但恆春地處偏僻，不易購得，遂從大陸引進茶種在恆春東門外山坡種植，最後發現以港口地區種來的茶味最好，從此港口茶成為恆春半島的名產，和洋蔥、瓊麻合稱「恆春三寶」。

港口茶的特色：在播種方面，一般的茶樹用枝條移接的壓條法，但由於此地雨量分佈不均，尤其冬季少雨，所以採用種子直接播種；在茶葉外形上，一般茶葉葉片大而薄，而港口茶大半年在東北季風的籠罩下，又靠近海岸，空氣含鹽量高，土質較乾燥，茶葉較厚，所以濃苦、耐沖；此外，恆春半島的氣溫高，日曬時間較長，茶樹生長容易，所以一年四季都可採茶。

港口茶的產量並不多，年產不過數十斤，茶種也沒有經過改良，所以一直沒有登上台灣名茶之列。正因如此，現在港口茶卻成為台灣唯一沒有經過改良的原種茶葉。據當地居民口傳，熱茶加冰糖飲用，有治療咳嗽感冒的功效。

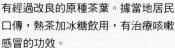

港口名產──港口茶

如何沖泡：港口茶味道濃烈，所以沖泡時水溫宜熱，時間宜短，大約是5秒左右，即使泡上4～7次依然香醇。初喝時茶味苦濃，澀味稍重，一旦入喉後卻有回甘之味，久久不散。

東海岸地區

203

沒口溪的形成

港口溪是恆春半島上最長的河流，流長約為33公里，於港口村的南方注入太平洋。

每到冬季枯水期，港口溪的出海口便出現大片沙灘，河口彷彿被阻塞了，這就是恆春半島著名的「沒口溪」景觀。半島上其他河流如四重溪、保力溪等也常出現這樣的現象。

以下就來看看「沒口溪」是怎麼形成的——

①堆積沙灘：河水從上游一路沖刷下來，夾帶出大量泥沙。到了下游，河床坡度和流速減緩，泥沙便沈澱下來，但海浪又將泥沙推回河口，堆積出沙灘，夏季雨量較多，河水可從沙灘上直接出海。

②形成沒口溪：到了冬天，東北季風吹襲，河口築起更高的沙灘，加上水量減少，水位比沙灘高度還低，這就形成了沙灘堵住河水出海的沒口溪景觀。其實河水並非真的被堵住，而是從沙灘底下滲流出去。

每到冬季，港口溪就會出現「沒口溪」的奇景。

6 佳樂水

台26號省道終點

告別了茶香飄溢的港口村,沿台26號省道續行,不久可抵達公路終點「佳樂水」。看過了許多珊瑚礁海岸,若想見識半島上難得的「岩石海岸」,來到佳樂水準沒錯。

雖然佳樂水已不在墾丁國家公園的範圍內,但其白浪濤天、奇岩嶙峋的天生麗質,使「海神樂園」的美名不脛而走。滿州鄉公所在此設置了「佳

遊賞時須注意風浪及安全,不可擅離紅色警戒線。

樂水風景區」,為慕名而來的遊客展現此地的海岸勝景。

地名由來:原名「佳落水」,取自台語發音「從高處落下來的水」的意思,指的是風景區步道盡頭的「山海瀑」。1975年,取「安和樂利」之意,改名為「佳樂水」。

深海岩層:放眼望去,這裡全是來自深海沈積的岩層,層層分明、平行排列,蘊藏許多地質歷史秘密。除此之外,還有被海水侵蝕而成的各式各樣奇岩怪石,俯首可見,十分引人注目,值得放慢腳步、細細品賞。

以下依地質地形分成3個主題來暢遊佳樂水——「深海岩層」、「砂岩層」和「岩石海岸」。步道前段A區的海岸就能找到各種地形,在此了解成因後,沿途續行便能無往不利。

東海岸地區

佳樂水各種奇岩怪石森然羅列

205

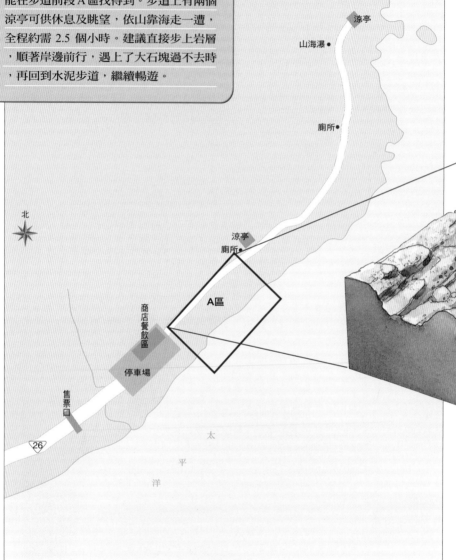

　　後頁介紹的各種地形，除山海瀑外，都能在步道前段 A 區找得到。步道上有兩個涼亭可供休息及眺望，依山靠海走一遭，全程約需 2.5 個小時。建議直接步上岩層，順著岸邊前行，遇上了大石塊過不去時，再回到水泥步道，繼續暢遊。

涼亭

山海瀑 ·

廁所 ·

北

涼亭
廁所

A區

商店餐飲區

停車場

售票口

26

太平洋

佳樂水的特色

佳樂水主要由千萬年前深海堆積的岩層所構成，後來板塊運動抬出海面，再歷經海浪淘蝕，形成今天豐富多變的地貌。

深海岩層：佳樂水不但是此次行程中唯一可見到岩石海岸的地方，而且這些岩層還是來自深海大陸斜坡上堆積的岩層，所以才能看到「火焰狀構造」和「崩移構造」等景觀。（形成⇨P.209、210）

認識佳樂水，首先從地質形成開始，可分成「沈積岩層」和「抬升侵蝕」兩個部份。

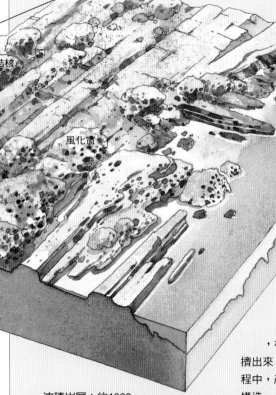

結核

風化窗

，板塊推擠運動將深海海底岩層推擠出來，並且變傾斜。在海底沈積的過程中，產生了「火焰狀構造」、「崩移構造」、「波痕」與「小型交錯層」、「生痕化石」 等沈積構造。

侵蝕地形：岩層露出海面後，不斷受到海水侵蝕及生物作用，頁岩層較軟便凹入，砂岩層較硬，遂被侵蝕出各式各樣的景觀，例如「結核」、「鏽染紋」、「鑽孔貝之家」及「風化窗」。

沈積岩層：約1000萬年前，在深海海底，海流帶來了大量沙粒，堆積出沙層。偶爾風平浪靜之時，泥粒便會在沙層上堆積出泥層。

如此沙層和泥層交替水平堆疊，久而久之便膠結起來，沙層形成「砂岩層」，泥層則變成「頁岩層」。數十萬年前

1 認識深海岩層

佳樂水是恆春半島上唯一一處「岩石海岸」，其地景主角就是陳鋪在岸邊的沈積岩層——「砂岩層」，其中夾著由泥層組成的「頁岩層」，這些沈積岩層又可稱為「砂頁岩互層」。

這些岩層都來自數百公尺以下的深海，在認識佳樂水各景點的奧秘之前，必須先來認識這兩種岩層和現象。

砂岩和頁岩的軟硬度不同，在經過海水、風力的侵蝕之後，軟的頁岩凹入，硬的砂岩相對突出，這就是差異侵蝕的結果。

頁岩層：由泥粒堆積形成的岩層，顏色呈黑灰色或黑色。質地較細緻但鬆軟，很容易被海水侵蝕，看似凹進地面。和厚層的砂岩比起來，厚度顯得薄很多，所以又稱為「薄層頁岩」。

層面：指的是岩層之間的交界面，往往一層一層互相平行，非常清晰、明顯，是沈積岩最主要的特徵。

砂岩層：由沙粒堆積出來的岩層，顏色原本較青灰、灰白，風化後轉為黃褐色。由於厚度較厚，因此又稱「厚層砂岩」，質地粗糙而堅硬，不容易被海水侵蝕，是佳樂水各種地形及地質構造的主角。砂岩層在深海堆積的過程中，保留住了「崩移構造」、「火焰狀構造」、「波痕」、「小型交錯層」、「生痕化石」等沈積構造。（⇨主題導覽2，P.209～213）

傾斜岩層：不論是砂岩層或頁岩層看起來都是傾斜的，這是因為板塊運動擠壓而抬升岩層，有高有低，因此水平的岩層變成傾斜。

沙層、泥層交互堆疊的深海岩層

2 揭開砂岩層的秘密

在千萬年漫長的堆積過程中，舉凡「海底山崩」、「沙層排水」、「海水波動」、「掩埋生物遺骸」等等「地質歷史事件」，都被記錄在砂岩層裡。跟著以下的介紹，來一一透視、揭開砂岩層裡暗藏的地質歷史秘密！

秘密 1：火焰狀構造

一般說來，佳樂水的深海岩層層面都是平直的，但有時會發現層面竟然是扭曲的。上面的砂岩一團一團下陷入頁岩，而下面的頁岩也不甘示弱，分成好幾條像「火焰」一樣，向上刺穿砂岩層。這種特殊的地質構造稱作「火焰狀構造」。

沙層排水：這是岩層在沈積的過程中，下方岩層受上面沙層重壓之後，向上排出水份時形成的變形構造。對地質學家來說，它可以清楚的指出「哪些岩層年紀較輕」——被火焰刺穿的岩層，一定比較晚堆積，年紀比較輕。怎麼說呢？瞭解形成過程就可以知道了！

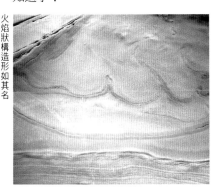

火焰狀構造形如其名

火焰狀構造的形成

這些火焰狀構造的紋路豐富了岩石的表情，它是由「沙層排水」產生出來的結果。

①**堆積沙、泥層：**沙層和泥層分別在海底堆積，岩層的空隙中經常含有大量水份。

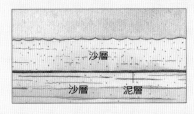

②**下層受壓排水：**上面繼續堆疊沈積層，等重量累積到一個程度，下方沙層便因受到重壓，向上逐漸排出水份，破壞了原有的水平層面。

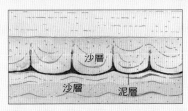

③**擠出火焰狀結構：**上層的沙層一團一團向下沈陷，下方泥層也不斷被水向上牽引鑽進沙層當中，形成像「火焰」一般的構造。

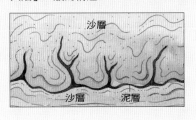

除了「火焰狀構造」，另外有一種岩層扭曲的構造，叫做「崩移構造」。可別小看它，這是砂岩層在遇到「海底山崩」之後，被凍結起來裡的驚險畫面！原本清晰規則的曲線，被扭曲彎折，有的岩層甚至斷裂，使線條變得更加紊亂。

利用青灰色和黃褐色兩種砂岩，仔細在岩層中追蹤它們延伸的曲線，將可找出一些蛛絲馬跡。

紊亂扭曲的崩移構造

崩移構造的形成

深海海底同陸地一樣，也會發生山崩。在深海大陸斜坡上沈積的砂岩層，很容易因為「海底山崩」而使岩層扭曲變形。

①堆積沙層：沙層在深海海床上一層層堆積。

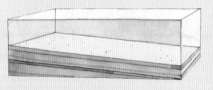

②扭曲變形：因海床坡度較大，很不穩定，常因地震發生海底山崩，造成岩層變形而扭曲，出現小規模的「褶皺」。

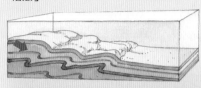

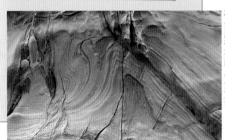

有些岩層具有波浪狀的表面，好比海浪靜躺在砂岩層上，和岸邊生龍活虎的浪潮構成極為強烈的對比，這種現象叫做「波痕」。

岩層表面波浪狀的波痕

原來，約在1000萬年前，海浪牽動了海床上的沙層，將起伏的身影烙印在上面，留下了「波痕」。波痕一層層堆積，從側剖面一看，便成了「波紋層」，每一層波紋層之間，也都有「小型交錯層」。

波痕、小型交錯層的形成

在「海水波動」下，波痕與小型交錯層常是伴隨而生、互為表裡的。它們的形成如下。

①形成波痕：海水波動時，帶動海床表面的沙，將沙層排列成波狀的表面，稱為「波痕」。

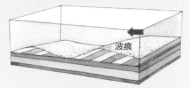

②堆成小型交錯層：沙粒會順著波痕與水流向前堆積，並在波痕前方的斜面上形成傾斜的紋理，稱為「小型交錯層」。

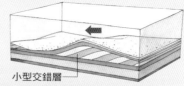

小型交錯層

東海岸地區

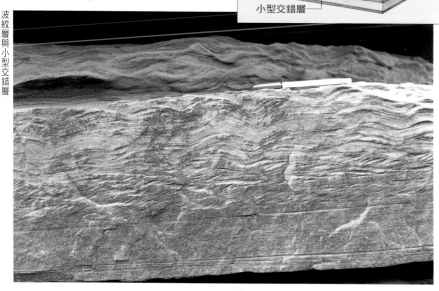

波紋層與小型交錯層

　　風景區內有一種著名的地質現象，就是砂岩裡面，鑲嵌了一顆顆黃色的石球，像是點綴岩層中的石珠子，因此有人便命名為「珠石」。有的石球還鑲了像珠串的邊，十分精緻可愛。

　　「珠石」通常會比砂岩表面突出，可見岩質比砂岩堅硬許多，這就是砂岩中的「結核」。

　　在沙層堆疊的過程中，如果有生物遺骸摻雜其中，岩層中便會聚集許多「碳酸鈣」，最後形成「結核」，而且十分堅硬，不容易被侵蝕風化。有時若找到破裂開來的結核，裡面經常會發現化石。

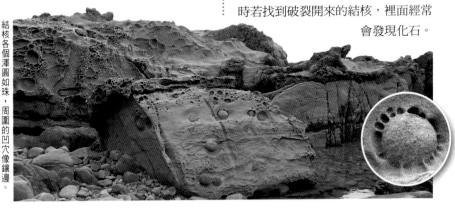

結核各個渾圓如珠，周圍的凹穴像鑲邊。

結核的形成

　　沙層堆疊時經常有生物遺骸沈積在沙層中，這其間碳酸鈣溶解又聚集，就形成了結核。

　　①沈積生物遺骸：生物遺骸經常隨著水流沈積在岩層中。

　　②沈澱碳酸鈣：生物遺骸的成份大多是「碳酸鈣」，很容易被溶解，然後在較大的生物碎片周圍重新沈澱聚集。

　　③露出結核：重新沈澱聚集的碳酸鈣把生物碎片團團膠結住，於是成了一顆顆「結核」。結核的質地比四周的岩層堅硬，所以當四周的岩層被侵蝕後，結核便相對露出來，形成所謂的「珠石」。

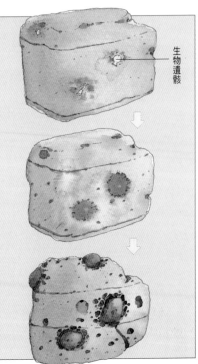

生物遺骸

秘密5：生痕化石

佳樂水除了有各種奇岩怪石，還有生物活動遺跡藏在岩層裡面，有螺旋狀、蜂窩狀、點狀、迂迴的彎曲線條……等，若不仔細看，還以為是岩面上特有的花紋呢！

這些紋路是古生物在泥沙上活動所留下的痕跡，叫做「生痕化石」。有的是覓食時的爬痕，有的是居住的巢穴，後來被泥沙掩埋，歷經千萬年，如今還保留在岩石裡。岩層被抬升侵蝕後，才得以展露在世人面前。這些紋路通常都是具有規律性的幾何圖形，而且只有深海沈積的岩層才會有。

生痕化石的存在說明了千萬年前堆積岩層時，曾經住著許許多多的生物，牠們或鑽進泥沙裡，或爬出來覓食，各式各樣的活動，熱熱鬧鬧的在海底進行著。

各式各樣的生痕化石遺跡

進入主題導覽

3 悠遊岩石海岸

佳樂水的岩層性質並不均勻，有軟有硬，破裂的縫隙遍佈，或是表面凹凸不平，於是海水、地下水、海中生物或是海風便都趁勢而為，在差異侵蝕下，雕琢出許多小地形，將海岸點綴得豐富繽紛，更加有看頭。這些奇岩妙石成為人們的想像王國，產生出「棋盤石」、「蜂窩岩」、「海蛙石」、「河馬石」等等特殊地景。

接著，就一起進入這個岩石海岸的世界，來看看這些小地形──有「鏽染紋」、「鑽孔貝之家」以及「風化窗」。有時這些現象會出現在同一塊岩石上，構成複雜的地形景觀。步道盡頭則有著名的「山海瀑」，真是多彩多姿。

注意欣賞腳底下所踩的岩面，會發現有的岩石裂縫上渲染著或紅或褐的條紋，美不勝收。整齊排列成格子狀的，有人又稱它為「棋盤石」。

這可不是人工塗抹上去的，而是地下水在岩層的節理縫隙間穿梭流動時，將「氧化鐵」一點一點印染上去的天然花紋——「鏽染紋」。整體看來，不僅紋路變化萬千，顏色也濃淡不一，煞是好看。這些巧奪天工的作品都是地下水本著無比的耐心，以巧手展現出大自然的浪漫情懷。

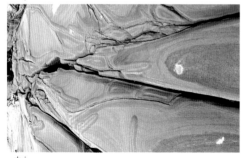

由地下水印染出來的鏽染紋，濃淡有致。

鏽染紋的形成

砂岩中有許多節理面、縫隙，地下水便沿著裂隙四處流竄。

地下水中含有大量「鐵」的礦物質成份，鐵質遇空氣變成氧化鐵，氧化鐵為紅色，一旦有地下水四處流竄，便會逐漸沈澱，填充在砂岩縫隙之中，成為「鏽染紋」。

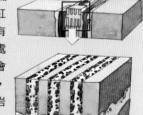

鑽孔貝之家

岩岸激起的浪花時時刻刻潑濺在砂岩表面，仔細看看這些砂岩，會發現它們上面密密麻麻佈滿了空洞，好似千瘡百孔，不禁令人大惑不解想問：

被鑽孔貝住進的岩塊千瘡百孔

這是怎麼一回事？

其實，這些坑坑洞洞的砂岩塊，都是一棟一棟「鑽孔貝」的大廈，每個洞都是一個鑽孔貝的家。鑽孔貝以海水中的浮游生物為食，牠們各個挖了洞住在岩石裡面，隨時飯來張口，等著海水衝擊岩面、湧入洞中時帶來美食，讓牠們飽餐一頓。有時鑽孔貝死去，洞穴還會被牡蠣「鳩佔雀巢」，進駐為王。

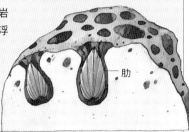

鑽孔貝如何鑽孔？

鑽孔貝附著在潮間帶的岩石表面，以攝食海水內的浮游生物維生。

鑽孔貝會分泌出酸液，破壞岩石表面、使其變得鬆軟。之後，牠再用貝殼表面的尖銳「肋」，磨刮岩石形成凹洞，變成牠藏身安居的地方。

肋

風化窗

岩石海岸上許多像是精雕細琢、用來裝飾岩面的無扇小窗格，時而平鋪地上，時而點綴岩緣，有時則佈滿一整片垂直岩面，彷彿毫不遮掩的透露出岩層的秘密。

這種細緻美麗的海蝕小地形叫做「風化窗」，有人認為它也像蜂窩，又稱「蜂窩岩」。它是岩石表面的小凹坑，後來被海鹽崩解擴大所形成。仔細瞧瞧，會發現風化窗大多分佈在迎風面的岩石表面，這是因為迎風面直接面海衝風，容易積聚海水的緣故。

風化窗彷彿岩面開啟的小窗格

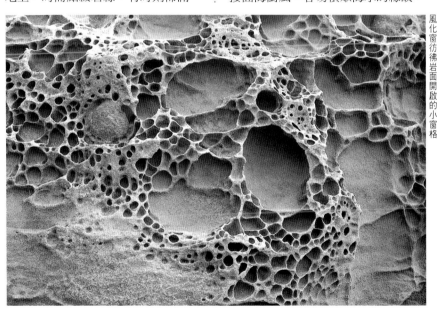

風化窗的形成

風化窗佈滿坑洞的外形，是在海水、風以及日曬的合作下形塑出來的。

①堆積海水：岩石的表面原本凹凸不平，在迎風面岩石的表面上，小凹坑經常堆積海水。

風向

②崩解擴大：海水乾了之後，結晶出海鹽，海鹽會進行崩解溶蝕的作用，將小凹坑逐漸擴大成一格格的「風化窗」。

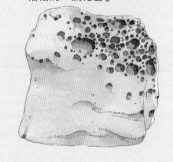

山海瀑

步道的終點是一涼亭，涼亭旁的陡崖就是「山海瀑」的所在，因為依山靠海，才特名為此。山海瀑是墾丁地區唯一的瀑布景觀，水流或捨級而下，或直奔入海，非常罕見，附近又有懸崖峭壁和崩落到海邊的岩塊，形成一個特殊的地形景觀。

瀑布的水來自海崖上的一條小溪澗，當水自高崖上方流下，就是「佳落水」的真實寫照。

山海瀑附近的地形在形成時原本坡度就陡峭，經板塊運動抬升後露出海面，成為陡峭的海崖。在抬升的過程中，許多海崖上的岩塊崩落下來，現在涼亭下的海岸邊還可看到許多錯落散置的大岩塊。

雨季來臨時，山溪跌落崖壁，似幾道白練傾瀉入海，氣勢磅礡，為海岸線添姿生色；枯水期時則細流如涓，甚至完全乾涸。因此山海瀑不是隨時可見，可遇而不可求。

山海瀑拾級而下，景色優美。

216

南仁山地區

滿州四周為群山環繞，
草浪滾滾朝著山林而去，
山林裡是原始的生態保護區；
灰面鵟鷹陣陣向著山谷而來，
山谷裡是田疇與牧場。
賞鷹的人潮來到滿州，
順道拜訪南仁山區豐富的自然寶庫，
會是一趟充實的知性之旅。

南仁山地區的故事

南仁山地區包括滿州以及南仁山生態保護區。滿州位於恒春半島東南角，是一河谷地形，四周山巒重疊，有里德山、出風山、南仁山、老佛山等高山，山路迂迴，呈現恆春半島的另一種特色，而廣大的南仁山山林孕育的自然生態，更是彌足珍貴。

歷史背景：本區的原住民多為排灣族，在漢人入境之前，計有18社。清同治年間，日本挾「牡丹社事件」勝利的餘威，一度強佔本區長達7個月；日治時期，日本更在滿州重新劃定行政區域，並設立教學中心，企圖教化原住民，直至光復後，因鄰近南仁山生態保護區，加上寬闊的草原，滿州終於保留了部分原先的風貌。

賞鷹的據點：滿州四周為低山丘陵所圍繞，每當東北季風吹起，受地形效應影響，容易形成上升氣流，就是這股氣流，歷年來往南遷移的候鳥都以滿州附近的山林，為牠們渡冬遷移的中間休息站。也由於四面環山，這裡成為恆春的最佳避風處，強悍的東北季風隔在山外，加上植物豐富，因此吸引鷹鷲類候鳥前來落腳，其中最著名的，當數每年秋天過境此地的灰面鵟鷹。因此，滿州賞鷹已成為國內外鳥友們一年一度的盛事。

自然的寶庫：南仁山區，位於滿州鄉東北側，廣達5000多公頃，植物多達1200多種，另外爬蟲、哺乳、兩棲類等也相當豐富，被劃為「生態保護區」。這裡有國內難得的低海拔原始林，可以飽覽暖溫帶、亞熱帶與熱帶植物的特色，甚至完整的熱帶季風雨林，而南仁湖面的天光雲影，更是賞心悅目。

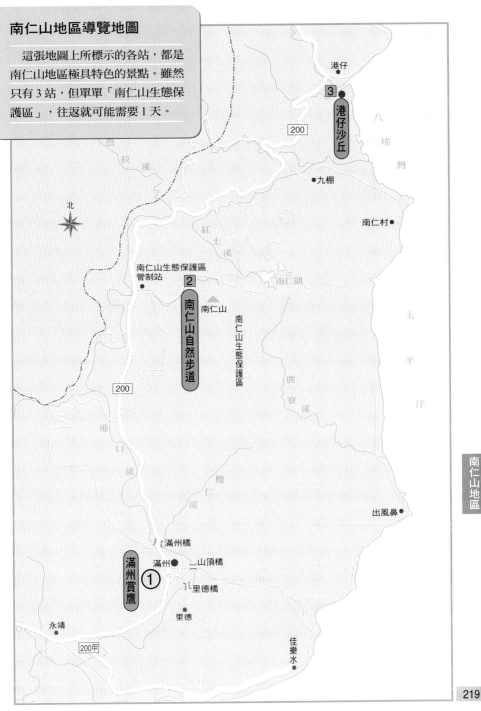

南仁山地區導覽地圖

　　這張地圖上所標示的各站，都是南仁山地區極具特色的景點。雖然只有3站，但單單「南仁山生態保護區」，往返就可能需要1天。

北

港仔

③ 港仔沙丘

200

八瑤灣

九棚

南仁村 ●

巴士拉溪

紅土溪

南仁山生態保護區管制站

② 南仁山自然步道

南仁山

南仁湖

南仁山生態保護區

太平洋

鹿寮溪

200

港口溪

欖仁溪

出風鼻 ●

滿州橋

滿州 ● ● 山頂橋

① 滿州賞鷹

里德橋

永靖 ●

里德 ●

佳樂水 ●

200甲

1 滿州賞鷹

屏東縣滿州鄉

從佳樂水轉往滿州，沿途的視野便逐步調離了海平面，代替的是一簇簇山村聚落，在一畦畦旱田、魚塭圍繞下，散發著純樸的田野風景。但是這個寧靜的山區，每年一到賞鷹季節，大批人潮湧入，便充滿節慶的熱鬧。

相傳滿州早年因為飛禽走獸多，原住民打獵很容易就滿載而歸，甚至還常因吃不完任意丟棄，使得腐屍敗壞、穢氣四溢，人人稱臭。在當地排灣族原住民口中，「臭」的發音為「蚊蟀」，於是，久而久之這個地方便被稱為「蚊蟀埔」。日治時期因「蚊蟀」字義不雅，改為滿州，光復後才設滿州鄉。

看灰面鵟鷹！

不管是為了看「群鷹入境」的氣勢，或者鷹隻個別的英姿，滿州賞鷹都已成為國內外鳥友一年一度的盛事。不過，賞鷹的過程必須掌握幾項要訣，才不至於錯過精彩的畫面，現在一一介紹如下。

選定賞鷹佳地點

滿州鄉是一河谷地形，四周為低山丘陵所圍繞，也由於環山屏障，這裡成為恆春的最佳避風處，加上植物豐富，歷年來往南渡冬的灰面鵟鷹便都以滿州附近的山林，做為牠們長程旅途的休息站，數量曾高達 1 萬多隻。

灰面鵟鷹過境滿州時，大多棲息在里德村一帶。而里德賞鷹的據點，又公推附近的 3 座橋——滿州橋、山頂橋及里德橋為最。這些橋樑的四周空曠，視野寬廣，可以清楚的看見灰面鵟鷹由遠而近飛過來。河岸邊整排茂密的人工林——竹子、檳榔、相思樹、椰子等頂端，都是灰面鵟鷹偏好停棲的地方，而河流正是鵟鷹補充水分的最好來源。

221

灰面鵟鷹整個秋季的過境時間持續約10幾天。依歷年來記錄，10月上旬至中旬是主要的過境期間，一般說來，每天約在上午的10點以後，鷹群就陸續由北方飛到龍鑾潭或社頂上空，然後繼續往滿州盆地方向飛去，抵達滿州附近山區上空，往往已是中午以後。這也是滿州賞鷹最好的時候。

抵達滿州上空的鷹群，會利用上升氣流爬升至某一高度，不斷的盤旋，反覆降落和升空。黃昏時，再降落樹頂休息，即所謂的「落鷹」。

灰面鵟鷹又稱為「灰面鵟」。由於牠們總是在每年的10月10日前後，順著東北季風的氣流成群南下入境，彷若前來參加國慶，所以又有「國慶鳥」的俗稱。

和所有鷹鵟類猛禽一樣，灰面鵟鷹有著長翼、銳眼、鉤嘴、利爪，遇到獵物，行動迅速、兇猛且準確。灰面鵟鷹的食物多半為蝗蟲類昆蟲，其次是蛇、老鼠，間接的減少農害，對農家幫助甚大。

嘴：粗短且呈鉤狀

喉部：乳白色

腹部：佈滿白色與赤褐色相間的橫線

全身：大致為褐色

尾部：有3-4條的黑色橫線

灰面鵟鷹

賞鷹的裝備和守則

　　望遠鏡和圖鑑是賞鷹的基本配備。可將每次觀察的時間、地點、種類與數量記錄下來，並詳細說明飛行和獵食等情形，藉以累積經驗，培養更敏銳的觀察力，利於日後的分析。

　　目前灰面鵟鷹已被列為國際保護鳥類，禁止加以捕殺，墾丁國家公園成立後，也以生態保育觀念，加強取締與宣傳。

灰面鵟鷹的遷移路線

　　據國際間的合作觀察，灰面鵟鷹有的走陸路從西伯利亞、韓國、中國東北，由大陸沿海南下；有的走海路從日本、琉球南下，但是兩路鳥群都在進入台灣東北部後，順著山勢的南北走向飛到恆春半島，僅在滿州鄉附近休息一夜，補充體力後，再由台灣南端出海，越過巴士海峽到達菲律賓、中南半島等溫暖的國度渡冬。

西伯利亞

韓國

日本

中國大陸

琉球

台灣

菲律賓

2 南仁山
自然步道

滿州鄉南仁山生態保護區

南仁山區位於滿州鄉東北側，廣達5000多公頃，植物多達1200多種，另外爬蟲、哺乳、兩棲類等也相當豐富，可說是墾丁國家公園的菁華所在，因此被劃為「生態保護區」。

由於南仁山區佔地廣闊，而且多屬原始林，不易出入觀賞，因此可選擇從南仁山生態保護區管制站開始，一直到南仁湖為止的一條自然步道，全程大致可分為3個區域，具體而微的呈現了廣大的南仁山生態特徵，只需沿著指示走，並用心體會、觀察，將可享受一趟豐富之旅。

南仁山生態保護區：在這裡可看到國內少數存有的低海拔原始林，同時受東北季風、雨量、地形影響，植物更呈現「壓縮型」分布，儼然是樹的聯合國。在同一個區域裡，就可看到暖溫帶、亞熱帶與熱帶植物的特色，甚至還有完整的熱帶季風雨林。地形地勢上更有丘陵、山谷、溪流、草原等，一路走來，可以看到人為干擾下的植物環境，以及歸化植物的優勢社會；也可以看到樹種繁多，樹冠顏色、樹木高矮不一的天然闊葉林；更可以欣賞到山間湖泊倒映的天光雲影。

南仁山自然步道以南仁湖為終點，呈現了廣大的南仁山生態特徵。

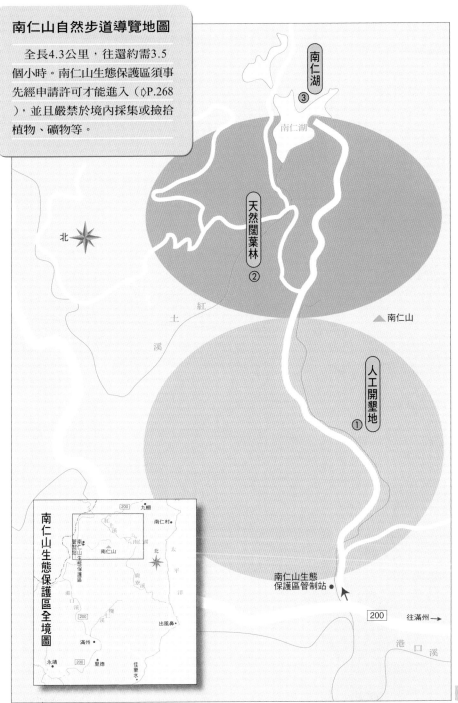

南仁山自然步道導覽地圖

　　全長4.3公里，往還約需3.5個小時。南仁山生態保護區須事先經申請許可才能進入（✎P.268），並且嚴禁於境內採集或撿拾植物、礦物等。

南仁湖
③

南仁湖

北

天然闊葉林
②

紅土溪

▲南仁山

人工開墾地
①

南仁山生態保護區管制站 ●

200　往滿州 →

港口溪

南仁山生態保護區全境圖

200　九棚
南仁村 ●
紅土溪
▲南仁山
南仁湖
太平洋
南仁山生態保護區管制站
鹿寒溪
港口溪
欖仁溪
200
出風鼻 ●
滿州 ●
永靖 ●　200　里德 ●　佳樂水 ●

225

人工開墾地

♪圖鑑P.7

　　步道的入口附近，多為開墾地，許多外來植物佔據著絕大的優勢。它們原為引進自國外的園藝花種，但因氣候、環境合適，漸漸定居了下來，甚至逸出花園之外，在本地的植物領域爭得一席，因此又稱「歸化植物」，代表植物有：長穗木、馬纓丹等。除外，本區常見的植物還有檳榔、麻竹等。

長穗木

　　森林的演替：其次為同樣是人工種植的樹林，樹冠參天，但在林下，則可以看到各種天然樹種的幼苗欣欣向榮，一副蓄勢待發、有朝一日取而代之的模樣。此類人工林的代表樹種為相思樹。

馬纓丹

　　開墾地原本都用來種植經濟作物，種類大部分是外來種，而且往往一次只栽種一種，且由於植株整齊的關係，因此這些植物從外觀上看來沒有天然林的層次結構。不過，開墾地一旦疏於管理，又會讓大自然逐步收復失地。

步道裡的林蔭遮天

森林的演替

　　南仁山天然闊葉林的分層，其實是由各種植物族群經過長期競爭、適應、協調所形成的。植物就像人類一樣，也會有世代輪替的現象，樹種不僅會跟著改變，連同數量也會有所變化，特別是在人為的開墾、火災、水災等情形下，更會加速這種過程。某一特定植物群會消失，而由其他種類的植物群取而代之，這種現象稱為「演替」。

　　①先鋒植物搶得先機：原始天然林因人為破壞，消失無蹤，於是先鋒植物便進駐這片土地。先鋒植物的種子喜歡在向陽地帶成長，而且一旦環境合適，便迅速成林。

　　②耐陰植物前仆後繼：先鋒植物林下的土壤中埋藏有「種子庫」，內含原始天然林樹種的種子，經過潛伏及遮蔽，也逐漸萌芽。一旦先鋒植物老去，又無同種幼苗接續，加上沒有外力介入、破壞，原先林下耐陰的原始林樹種的幼苗，日漸生長、成熟，轉為新的主角。

　　③成熟的林相：隨著原始林樹種逐漸茂盛後，林下開始有了遮蔭，已趨弱勢喜歡日照的先鋒植物，因日照不足便慢慢的消退，將這片土地歸還了天然林，於是，森林結構越來越複雜，最後茁壯成熟的形成了今天南仁山天然闊葉林的林相。

①

②

③

天然闊葉林

⟡圖鑑P.7

　　到達南仁山支稜形成的隘口一帶，人工相思樹林至此消失，代替的是廣茂的天然闊葉林，植物種類錯綜複雜，充滿原始森林的氣息。

　　樹的聯合國：接近南仁湖一帶，樹群有暖溫帶、亞熱帶的常綠闊葉林，也有樹形高大，更表現出板根、幹生花等的熱帶雨林現象，除外還找得到熱帶季風雨林特有的樹種，多樣植物「壓縮」分佈，群聚一堂，非常罕見。暖溫帶樹種如：長尾栲、黃杞、大頭茶等；亞熱帶樹種如：港口木荷、鏽葉野牡丹等；熱帶雨林樹種如：欖仁舅、幹花榕、白榕、大葉雀榕、咬人狗等；熱帶季風雨林樹種如：茄苳、糙葉榕、無患子等。

　　樹種分布：地形也是南仁山區植被的變因之一，影響之下，樹種的分佈情形，主要是：迎風坡面，常見的有大頭茶、港口木荷、黃杞、長尾栲等，森林樹冠層僅 3 ～ 5 公尺，密度極高，層次結構分化不明顯；背風坡面、凹谷，大多為熱帶植物群

港口木荷

鏽葉野牡丹

，如茄苳、欖仁舅、鏽葉野牡丹等，森林的林木較為疏開而高大，樹冠層可達20公尺，垂直結構可有 3 ～ 4 個層次。

南仁山地區

227

樹的聯合國

南仁山區的天然闊葉林，可見暖溫帶、亞熱帶與熱帶植物的組合，兼有熱帶季風雨林的景象，植被可謂高度壓縮，讓人彷彿置身「樹的聯合國」。為何這些「多歧異性」的植物，會同在這裡一起生長呢？

①東北季風的影響：南仁山區位於中央山脈南端，雖然海拔高度最高僅有325公尺，本屬於低海拔亞熱帶，但受冷涼的東北季風影響，所以也具有本島中海拔暖溫帶林裡的景象。

②植物轉運站：台灣中央山脈南北延伸如同屏障，東西兩邊的中低海拔植物彼此散播遷移不易，於是南端山勢不高的南仁山區便形同缺口，成了植物的轉運站。

③接納熱帶植物：恆春半島伸向熱帶，多少也接納了由南方熱帶地區隨洋流漂洋過海而來的子民，越形增加了南仁山區植物的多樣性。

④迎風與背風：地形也是南仁山區一個重要的環境因子。在東北向迎風坡面與山稜高處，受冷濕的東北季風影響，森林較為低矮密集，優勢植物包含較多的暖溫帶樹種。在背風坡面及凹谷，則較不受東北季風影響，顯得較為溫暖，在這樣溫暖而潮濕的環境，特別有利於熱帶雨林的發展，雖非典型但不乏代表的現象。

儘管山稜與凹谷的海拔落差往往不及100公尺，但森林的型態竟還是存在著如此大的差別，再次證明了南仁山區植被受高度壓縮的複雜多樣。

高山寒原
3500公尺

亞高山針葉林
3000公尺

冷溫帶針葉林
2500公尺

涼溫帶針闊葉混合林
1800公尺

暖溫帶闊葉林

700公尺

亞熱帶闊葉林

325公尺

熱帶季雨林

南仁山區天然闊葉林

台灣植物垂直分布圖

東北季風

洋流

228

森林的結構

樹林分層的目的除了提供植物不同的生長空隙之外，更有利於雨水的截留，並且可以減緩雨水對土壤的衝擊，有助於水土保持。一個成熟林相的分層大致有，第一喬木層、第二喬木層或灌木層、草本層，以及穿雜各層的藤蔓植物和半著生植物。

在南仁山區背風坡面、凹谷看到的天然闊葉林分層，通常如下：

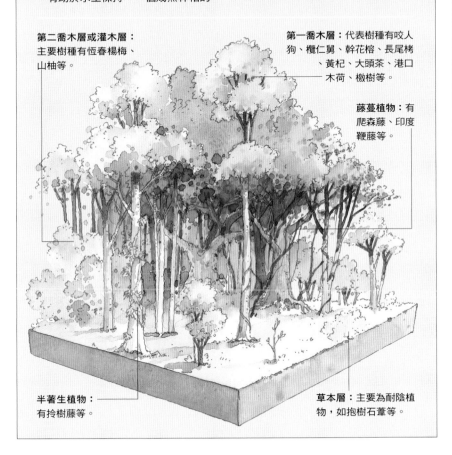

第二喬木層或灌木層：
主要樹種有恆春楊梅、山柚等。

第一喬木層：代表樹種有咬人狗、欖仁舅、幹花榕、長尾栲、黃杞、大頭茶、港口木荷、橄樹等。

藤蔓植物：有爬森藤、印度鞭藤等。

半著生植物：有拎樹藤等。

草本層：主要為耐陰植物，如抱樹石葦等。

 南仁湖

步道地勢漸趨平穩後，眼前立即一片豁然開朗，就此來到了南仁湖。

南仁湖可說是個人工湖，人為開拓的過程，至今仍可由周遭的幾個跡象印證得知，不妨於高處觀察一番。或者也可以於近處的草原做為步道的終點，席地而坐，眺望一下南仁湖全貌，順便稍息片刻，為回程儲備精力。

南仁湖的前世今生

位於步道盡頭的南仁湖，仰躺在青山翠林的簇擁之下，安詳、恬靜，不僅如此，仔細觀察的話，就會發現湖面多處也挺立著樹幹，雖然都屬枯木，但足以印證它們曾經生長於此。為什麼水中會長出樹木？又為什麼湖邊會有這樣廣大的短草地呢？事實上，這些蛛絲馬跡，正映現了南仁湖的前世今生。

①沼澤地：最初的南仁湖是一沼澤地，原有的天然水域僅有宜蘭潭（現今步道右側第一個見到的水潭），隨後陸續有移民前來開墾，四周沼澤地從此變成了水田。

②水塘：因農田灌溉的需要，農民依著山勢填土築堤建築水塘。

③攔水成湖：隨後，農民遷出，稻田廢耕，變成放牧草地，水塘被堵住出水口，水位升高，以方便牲口飲水，漸漸的雨水及天然泉水蓄水成湖，便形成今日的模樣。

④南仁湖：現今的南仁山水域，包括南仁湖、宜蘭潭和中央水域，通稱的「南仁湖」是指中央水域而言。

南仁湖是指南仁山水域的中央水域

3 港仔沙丘

港仔
● 港仔沙丘

222甲
九棚
南仁湖

南仁山
生態保護區
管制站

▲ 南仁山

離開南仁山區，繼續北上，景色越來越顯得單純，除了美麗的海岸線之外，只見寥寥幾戶人家面海而立，屋旁的欖仁樹下漫踱著雞隻，文殊蘭迎風挺立，充滿了悠閒的況味。

海岸公路到了九棚只剩下一小段柏油路，即告終點，往港仔必須轉接屏200縣道，而中途，就在臨海的山丘上出現一片沙漠，映著陽光耀眼刺目。這片由河沙堆積成的海岸，是恆春半島最大的沙丘地，形成了一處通常在沙漠地區才會出現的沙丘景觀，所以港仔這種沙漠和大海並存的現象，越形珍貴罕見。

港仔沙丘：沙質顆粒均勻，細密的沙子堆成一座座小丘，起伏不斷，線條優美。赤足踩在沙上，與大地親近的感覺令人喜悅，還可以或坐或立或臥或滾，也可以登上沙丘稜線，再一骨碌滑到丘底，不但刺激過癮也是難得的經驗。

港仔沙丘是恆春半島最大的沙丘地

港仔沙丘的形成

恆春半島上的沙丘規模屬台灣第一，且保持的最完整，而其中又以半島東側的港仔沙丘為最，其形成與當地在冬季受強勁東北季風吹拂有著密切關係，透過以下港仔沙丘的形成過程，即可明白其中原因……

①形成河口沙灘：港仔位於港仔溪河口，溪流從上游運下大量泥沙，並沈積在河口附近的海岸，形成沙灘。

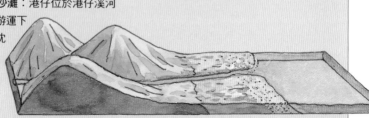

②季風吹動沙粒：此處一到冬季，一律吹東北季風，風力強勁，將沙灘上的沙粒往內陸吹動。但由於受內陸的樹林、岩壁阻擋，沙粒又紛紛堆積下來。

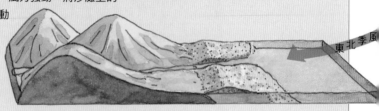

東北季風

③堆高沙丘：東北季風年復一年長期猛吹，沙灘上方的沙便越堆越高，逐漸形成小丘，稱為「沙丘」。

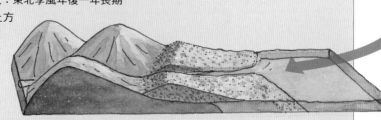

④植物固定沙丘：沙丘形成之後，植物開始在上面生長，根部將沙粒固定，使沙丘不易再被風搬動、遷移。

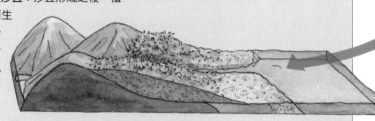

旅遊記事地圖

地圖篇

旅途中，
隨處都可發現令人驚喜的事物。
隨手在地圖上記下自己的發現，
點點滴滴，
匯聚出屬於自己的旅遊記事地圖，
多有意思！

如何使用本地圖

「地圖篇」除了「恆春半島旅遊記事索引地圖」之外，另收羅了6個景點的地圖，包括恆春城、龍鑾潭、墾丁森林遊樂區、社頂自然公園、墾丁街區及鵝鑾鼻公園等，皆是適合徒步漫遊細賞的地點。主要功能是提供讀者在旅遊途中自行繪製、標示屬於自己的旅遊記事地圖。

每個景點都有彩色地圖和旅遊記事地圖，彩色地圖標示出完整的地圖資訊，便於隨時查索；旅遊記事地圖則可自由塗鴉、記錄。

恆春半島旅遊記事索引地圖：可依此地圖上所標示的範圍及頁碼，找到各景點的地圖。

彩色地圖：標示出主要道路、停車場、步道、小景點等各式各樣的地標。

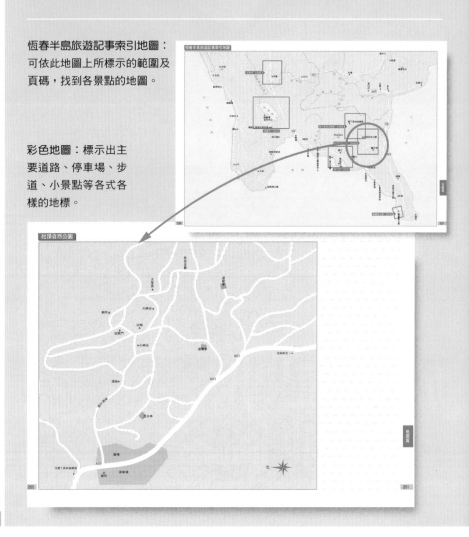

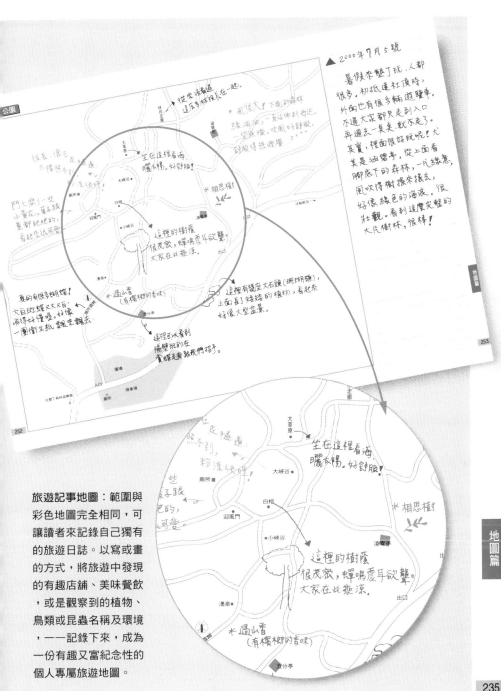

暑假來墾丁玩，人都很多。初抵達社頂時，外面也有很多輛遊覽車，不過大家都只走到入口再過去一點點，就不走了。其實，裡面很好玩呢！尤其是逛電亭，從上面看腳底下的森林，一片綠意，風吹得樹搖來搖去，好像綠色的海浪。很壯觀。看到這麼完整的大片樹林，很棒！

從來沒種過這麼多株長在一起。

周很大，下面的樹林綠油油，一直任伸到遠近一望無際。吹風好舒眼，舒服得想睡覺。

坐在這裡看海曬太陽。好舒服！

這裡的樹蔭很茂密，蟬鳴震耳欲聾。大家在此乘涼。

很長，像在太陽照不到，走一走隧道

門上開了一些小黃花。葉跟莖都胖胖的，看起來很可愛

*想思樹

※過山香（有檳榔的香味）

真的有很多朗蝶！大白紋蝶又大又白，像張衛生紙，整體好像一團衛生紙飄生飄去。

這裡有幾座大石頭（珊瑚礁），上面長了矮矮的植物，看起來好像大型盆景。

這裡可以看到陽躄死的在岩壁走廊跟我們招手。

地圖篇

旅遊記事地圖：範圍與彩色地圖完全相同，可讓讀者來記錄自己獨有的旅遊日誌。以寫或畫的方式，將旅遊中發現的有趣店舖、美味餐飲，或是觀察到的植物、鳥類或昆蟲名稱及環境，一一記錄下來，成為一份有趣又富紀念性的個人專屬旅遊地圖。

地圖篇

走廊

大草原●

坐在這裡看海曬太陽。好舒服！

大峽谷●

廁所■

白榕●

迎風門●

*相思樹

小峽谷●

凌霄亭●

出口

這裡的樹蔭很茂密，蟬鳴震耳欲聾。大家在此乘涼。

出口

湧泉●

※過山香（有檳榔的香味）

涼分亭●

252

253

235

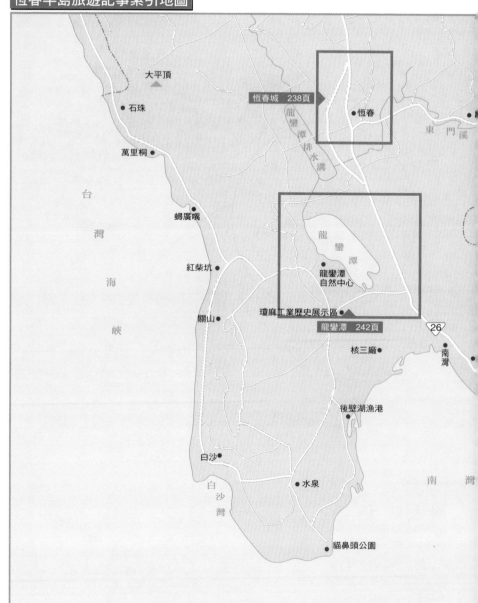

大平頂

石珠

恆春城　238頁

恆春

東門溪

萬里桐

龍鑾潭排水溝

台灣海峽

蟳廣嘴

龍鑾潭

紅柴坑

龍鑾潭自然中心

關山

瓊麻工業歷史展示區

龍鑾潭　242頁

26

核三廠

南灣

後壁湖漁港

白沙

水泉

南　灣

白沙灣

貓鼻頭公園

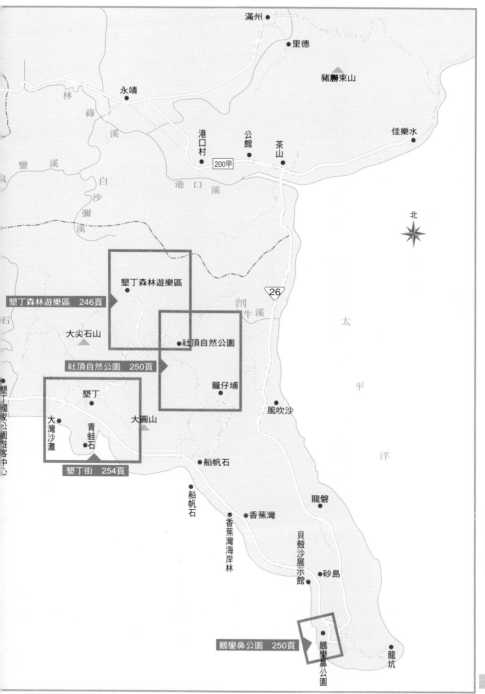

滿州
里德
豬勝束山
永靖
港口村 公館 茶山
200甲
佳樂水

林祿溪
白沙彌溪
港口溪

北

墾丁森林遊樂區
墾丁森林遊樂區　246頁
大尖石山
26
剝牛溪
社頂自然公園
社頂自然公園　250頁
籠仔埔
太平洋

墾丁
大圓山
風吹沙
青蛙石
大灣沙灘
墾丁街　254頁
船帆石
船帆石
龍磐
香蕉灣
香蕉灣海岸林
貝殼沙展示館
砂島
鵝鑾鼻公園　250頁
鵝鑾鼻公園
龍坑

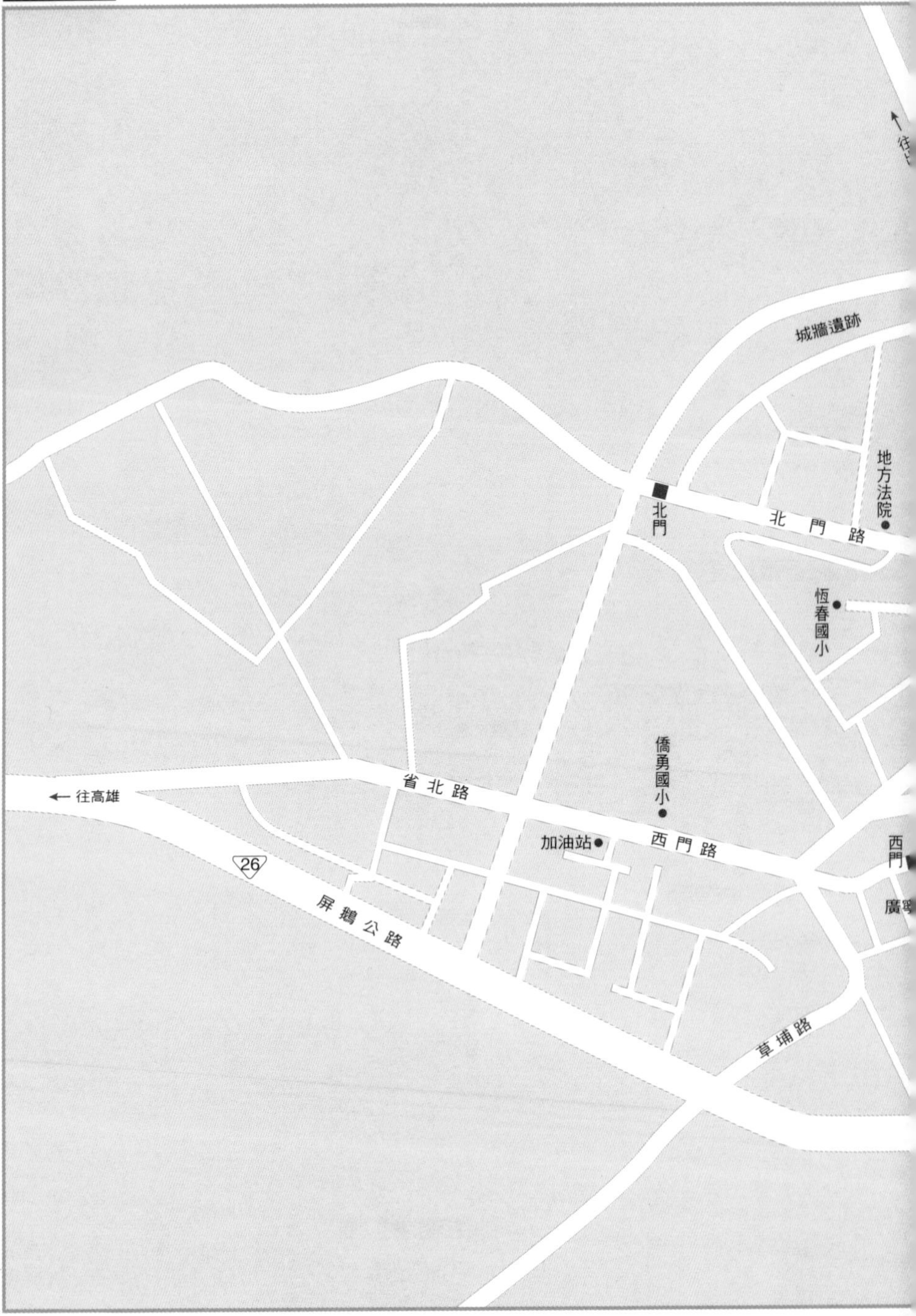

城牆遺跡

地方法院 ●

北門

北　門　路

恆春國小 ●

僑勇國小 ●

省　北　路

← 往高雄

西門路

加油站 ●

西門

26

屏鵝公路

廣寧

草埔路

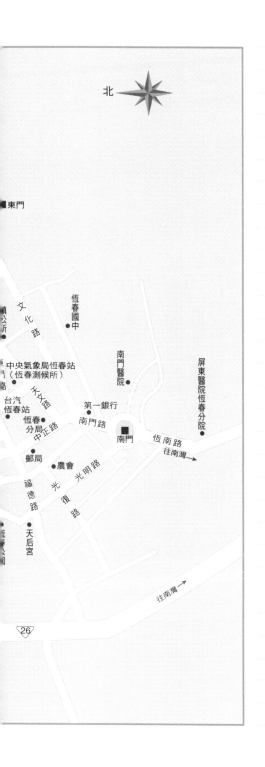

北

■東門

鎮公所

文化路

恆春國中

中央氣象局恆春站
門（恆春測候所）

南門醫院

屏東醫院恆春分院

天文路

台汽
恆春站

第一銀行

恆春
分局

中正路

南門路

南門

恆南路

往南灣→

郵局

農會

光明路

福德路

光復路

天后宮

恆春公園

往南灣→

26

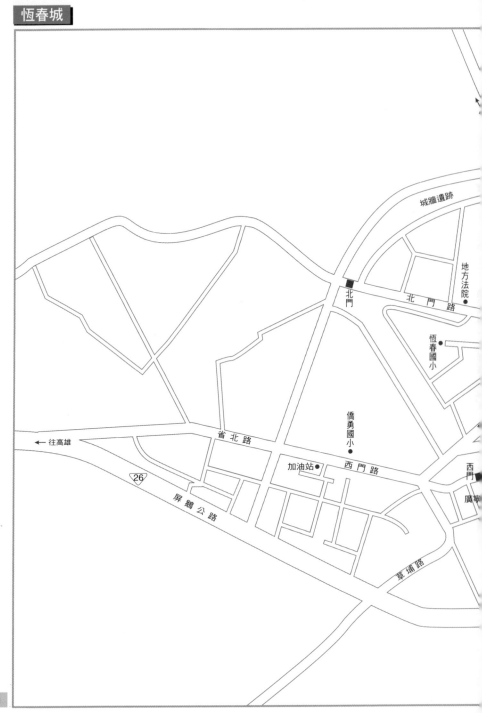

城牆遺跡

地方法院 ●

北門

北門路

恆春國小 ●

僑勇國小 ●

← 往高雄

省北路

西門路

加油站 ●

26

屏鵝公路

西門

廣

草埔路

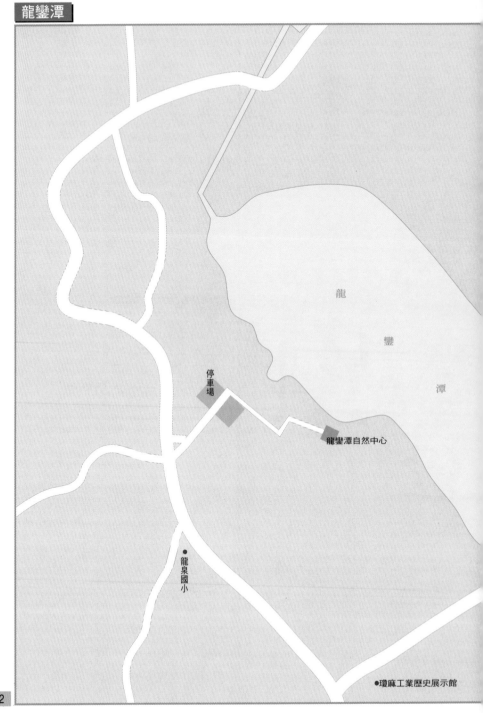

停車場

龍鑾潭自然中心

龍
鑾
潭

● 龍泉國小

●瓊麻工業歷史展示館

北

26

國家公園立標 ●

東岸停車場

往南灣→

南岸停車場

停車場

龍鑾潭自然中心

龍

鑾

● 龍泉國小

●瓊麻工業歷史

往恆春

26

北

國家公園立標 ●

東岸停車場

南岸停車場

往南灣

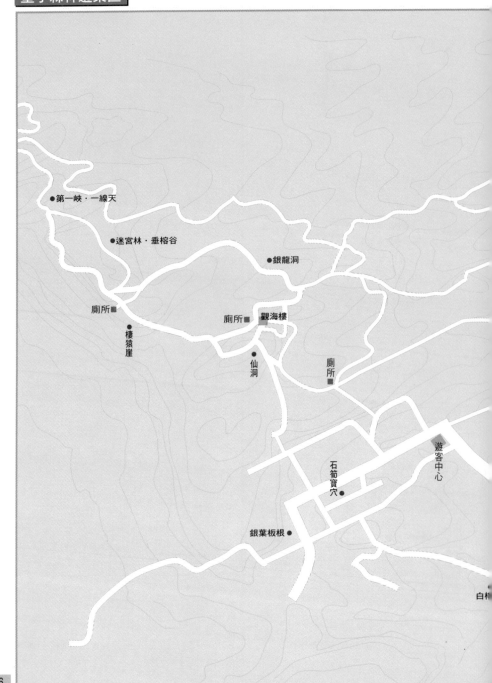

●第一峽・一線天

●迷宮林・垂榕谷

●銀龍洞

廁所■

●棲猿崖

廁所■　觀海樓

●仙洞

廁所■

遊客中心

石筍寶穴●

銀葉板根●

白榕

北

茄苳巨木●

入口

●管理所

毛柿林●

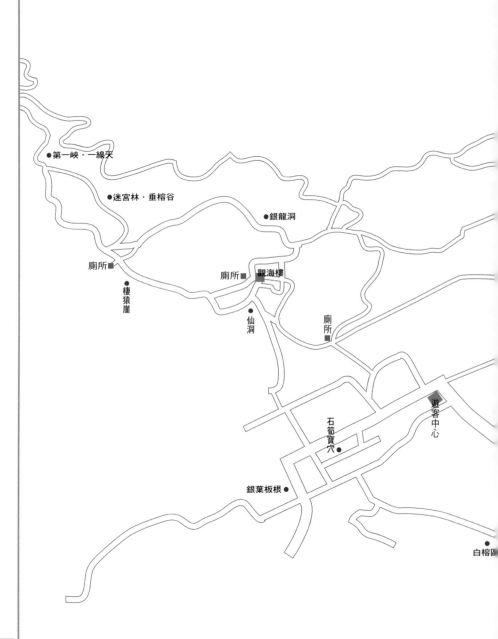

第一峽・一線天

迷宮林・垂榕谷

銀龍洞

廁所

廁所

觀海樓

棲猿崖

仙洞

廁所

遊客中心

石筍寶穴

銀葉板根

白榕區

北

入口

●管理所

毛柿林●

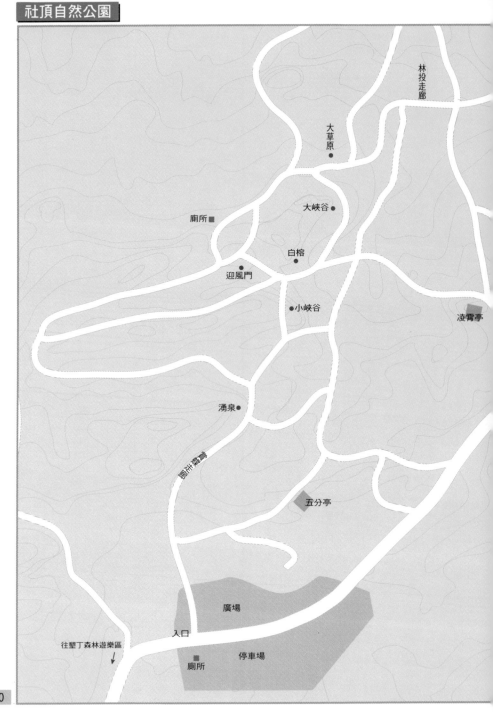

林投走廊

大草原●

大峽谷●

廁所■

白榕
●

迎風門
●

●小峽谷

凌霄亭

湧泉●

國研礦場

五分亭

廣場

入口

往墾丁森林遊樂區

停車場

廁所■

出口

往船帆石 →

北

林投走廊

大草原 ●

大峽谷 ●

廁所 ■

白榕 ●

迎風門 ●

小峽谷 ●

凌霄亭

湧泉 ●

五分亭

廣場

入口

往墾丁森林遊樂區

停車場

廁所 ■

出口

往船帆石 →

北

地圖篇

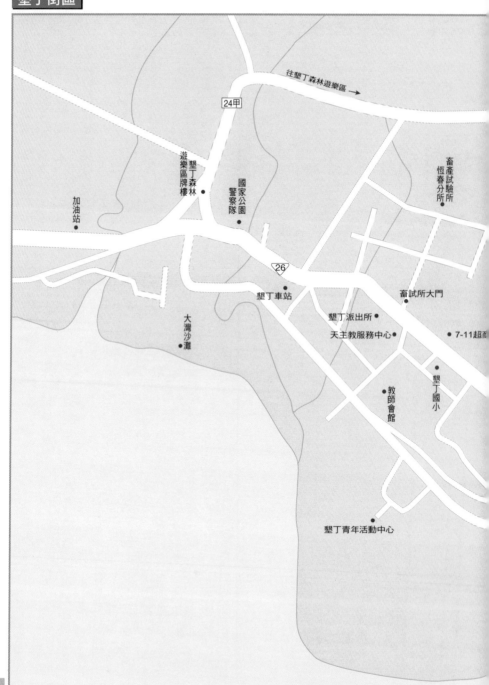

往墾丁森林遊樂區 →

24甲

26

加油站

墾丁森林遊樂區牌樓

國家公園警察隊

畜產試驗所恆春分所

墾丁車站

大灣沙灘

畜試所大門

墾丁派出所

天主教服務中心

7-11超商

教師會館

墾丁國小

墾丁青年活動中心

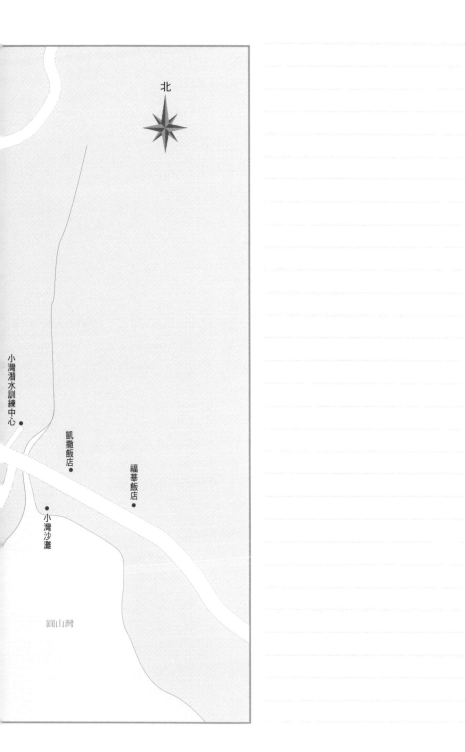

北

小灣潛水訓練中心 ●

凱撒飯店 ●

福華飯店 ●

● 小灣沙灘

圓山灣

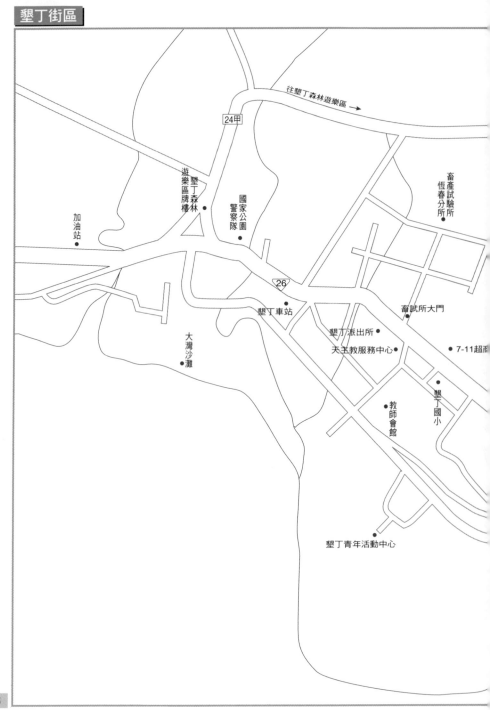

往墾丁森林遊樂區 →

24甲

墾丁森林遊樂區牌樓

加油站 ●

國家公園警察隊 ●

畜產試驗恆春分所 ●

26

墾丁車站 ●

大灣沙灘 ●

墾丁派出所 ●

天主教服務中心 ●

畜試所大門 ●

● 7-11超商

墾丁國小 ●

教師會館 ●

墾丁青年活動中心 ●

北

小灣潛水訓練中心

凱撒飯店

福華飯店

小灣沙灘

圓山灣

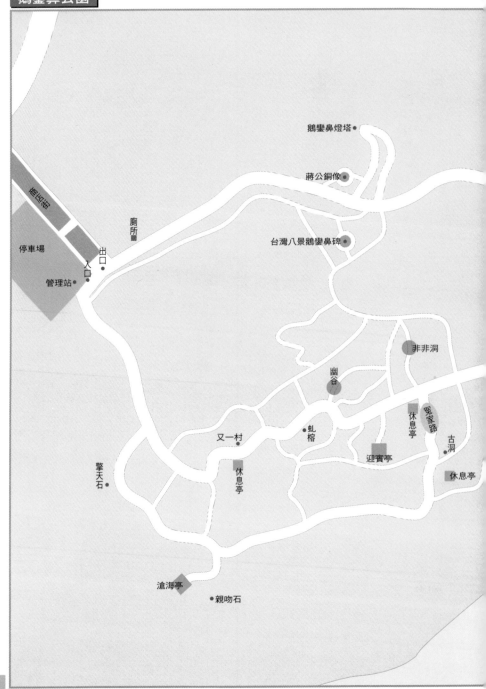

鵝鑾鼻燈塔●

蔣公銅像●

隧道出口

廁所■

停車場

出口
入口●

台灣八景鵝鑾鼻碑●

管理站●

非非洞

幽谷

又一村●

虯榕●

休息亭

冤家路

擎天石●

休息亭

迎賓亭

古洞●

休息亭

滄海亭

親吻石●

北

海濱棧道

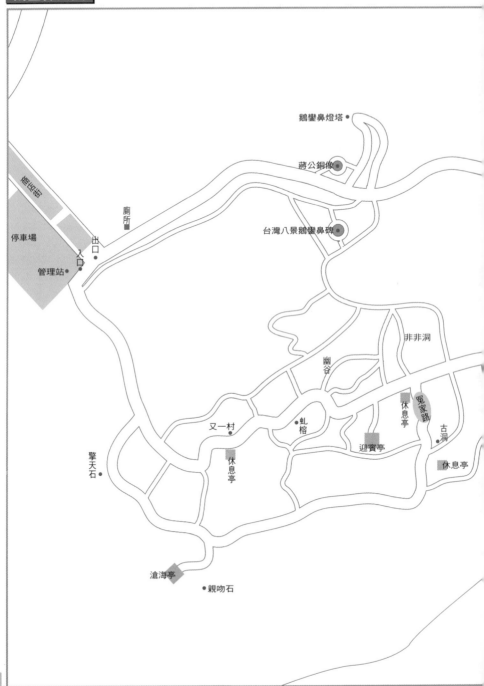

鵝鑾鼻燈塔 •

蔣公銅像 •

廁所 ■

台灣八景鵝鑾鼻碑 •

停車場

出口 •
入口 •

管理站 •

非非洞

幽谷

又一村 •

虬榕 •

擎天石 •

休息亭

休息亭

冤家路

古洞 •

迎賓亭

休息亭

滄海亭

• 親吻石

北

海賞棧道

旅遊資訊

住宿

　　恆春半島早已成為觀光勝地，各級旅館林立，尤以墾丁地區最多，當地也有許多民宿；車城則以四重溪的溫泉旅館著稱。此外，休閒農場也提供住宿。下面列表是以屏東縣政府建設局觀光課及墾丁國家公園提供的名單為基礎。建議您可參考「房價」及「房間數」來判斷旅館的設備與規模，再打電話詳細詢問，決定出理想的住宿地點。

　　使用網路者也可連結右列網址，可找到更多資料。

網路查詢（本資料截自2000年8月）

全國住宿情報系統
http://iis.wingnet.com.tw/WingASP/Alan/Hotel/Main.asp

逍遙遊全省旅遊住宿資訊
http://www.netvigator.com.tw/~travel2/

蕃薯藤搜尋
http://www.yam.com/b5/yam/rec/travel/hotel/hotels/pingtungh/

屏東縣政府建設局觀光課
http://www.pttour.com.tw/hotel.htm

墾丁國家公園
http://www.ktnp.gov.tw/chinese/visitor/旅遊資訊/hotelnew.htm

車城地區

旅館名稱	地　　　址	電　　話	房間數	房　　價
南臺灣大飯店	屏東縣車城鄉四重溪溫泉路玉泉巷37號	（08）882-2301	105	3,300~5,500
清泉旅社	屏東縣車城鄉文化路5號	（08）882-4096	045	1,200~2,600
新龜山別館	屏東縣車城鄉溫泉路106號	（08）882-2738	019	1,200~2,500
合家歡四重溪渡假俱樂部	屏東縣車城鄉溫泉路253號	（08）882-3111	057	2,800~4,000
洺泉大旅社	屏東縣車城鄉溫泉路玉泉巷2號	（08）882-1725	040	1,800~2,500
溫泉大旅社	屏東縣車城鄉溫泉路玉泉巷4號	（08）882-1925	032	1,800~4,500
四鼎溪賓館	屏東縣車城鄉溫泉路玉泉巷39-2號	（08）882-1311	066	1,000~1,800
景福山莊	屏東縣車城鄉溫泉路玉泉巷8號	（08）882-1310	033	1,500~3,500

恆春鎮內

旅館名稱	地　　　址	電　　話	房間數	房　　價
王妃大飯店	屏東縣恆春鎮中正路152號	（08）889-2801	045	600~3,000
恆春工商實習旅館	屏東縣恆春鎮恆南路38號	（08）889-1937	019	1,000~1,500

旅館名稱	地　　址	電　話	房間數	房　價
富悅大飯店	屏東縣恆春鎮恆南路117巷18號	（08）889-8888	182	3,600~8,500
名人大飯店	屏東縣恆春鎮新興路68號	（08）889-2903	040	1,200~2,000
君王大飯店	屏東縣恆春鎮恆南路123號	（08）889-2201~3	060	800~1,200
龍德大旅社	屏東縣恆春鎮中正路143號	（08）889-2701~2	030	800~1,500
墾丁假期大飯店	屏東縣恆春鎮恆公路966號	（08）889-9999	325	3,000~4,200

墾丁地區

旅館名稱	地　　址	電　話	房間數	房　價
凱撒大飯店	屏東縣恆春鎮墾丁路6號	（08）886-1888	245	5,400~40,000
墾丁福華渡假飯店	屏東縣恆春鎮墾丁路2號	（08）886-2323	405	5,800~36,000
墾丁賓館	屏東縣恆春鎮墾丁里公園路101號	（08）886-1370	074	2,200~6,600
墾丁天鵝湖飯店	屏東縣恆春鎮南灣路500號	（08）889-1234	074	4,200~13,000
歐克山莊	屏東縣恆春鎮船帆路1000號	（08）886-1601	201	4,500~12,000
墾丁青年活動中心	屏東縣恆春鎮墾丁路17號	（08）886-1221~4	101	2,650~5,000
鴻賓旅館	屏東縣恆春鎮墾丁路123號	（08）886-1003	025	1,000~4,000
雅客之家	屏東縣恆春鎮墾丁路237號	（08）886-1271	055	2,800~3,800
高山青賓館	屏東縣恆春鎮墾丁路271號	（08）886-1231	099	2,600~3,800
新陶芳大飯店	屏東縣恆春鎮墾丁路312號	（08）886-1063	026	800~2,500
墾丁夏都酒店	屏東縣恆春鎮墾丁路451號	（08）886-2345	139	4,500~12,000
墾丁教師會館	屏東縣恆春鎮墾丁路文化巷31號	（08）886-1241	034	900~3,600
南端旅社	屏東縣恆春鎮社興路1號	（08）886-1161	016	500~800

鵝鑾鼻地區

旅館名稱	地　　址	電　話	房間數	房　價
聯勤鵝鑾鼻活動中心	屏東縣恆春鎮東海路600號	（08）885-1210~2	062	1,725~3,450

滿州地區

旅館名稱	地　　址	電　話	房間數	房　價
大統旅社	屏東縣滿州鄉中山路40號	（08）880-1121	014	300~500
小墾丁綠野渡假村	屏東縣滿洲鄉中山路205號2樓	（08）880-2880	309	5,200~30,000

生態農場

旅館名稱	地　　　址	電　話	房間數	房　價
恆春 生態休閒農場	屏東縣恆春鎮山腳里山腳路28-5號	（08）889-2633	035	3,000~9,000
保力休閒農場	屏東縣車城鄉保力村竹社路20號	（08）882-2483	012	700~1,800

露營

旅館名稱	地　　　址	電　話	房間數	房　價
鵝鑾鼻露營區	鵝鑾鼻燈塔附近	（08）885-1615		
墾丁露營區	墾丁畜試所附近	（08）886-1185		
南海岸露營區	墾丁畜試所附近	（08）886-1022		

餐飲

　　恆春半島範圍廣大，除了較具規模的住宿處有供餐之外，一般餐店集中在恆春鎮、南灣、墾丁街等地；鵝鑾鼻地區只有鵝鑾鼻公園商店街及聯勤活動中心供餐。因此，出發前宜妥善安排遊覽的路線與時間，免得來回奔波，壞了遊賞的興致。此外，南仁山生態保護區來回約需4小時，沿途並無供食處，所以最好準備簡單食物再入山，並且記得把垃圾帶下山。

　　在此列出幾家較膾炙人口的特色美食，旅程中不妨前去一嚐。

　　鴨肉冬粉：是30幾年的老店。鴨子用10種以上的祖傳中藥秘方滷過之後再燻香，冬粉湯頭則以鴨骨熬成，再撒些芹菜、冬菜、薑絲，清淡卻有味。最標準的吃法是切盤鴨肉及鴨肫、鴨肝、鴨腳、鴨翅等鴨雜，沾豆瓣醬、滷汁、辣椒和老薑丁混合的特製佐料；也有人獨鍾佐料味美，用來乾拌冬粉。營業時間是下午4點到12點。

中午12點前，店家王氏兄弟在恆春鎮第一零售市場內也有單賣鴨肉，每斤約120元。店址：中山路115號。

　　董娘的店：由自號董娘的董月滿女士掌廚，最有特色的是冷熱冰、古法肉燥飯及洋蔥沙拉。冷熱冰是碗底放熱的小湯圓或芋頭塊等佐料，上面再加刨冰；除了冷熱口感特異之外，芋頭及綠豆等佐料都是慢熬細煮而成。肉燥飯上淋以細火慢燉的滷肉及筍絲，加顆滷蛋及醃嫩薑片，香味四溢。洋蔥是恆春半島特產，生洋蔥切絲再浸泡去辛辣，淋上黑醋、白芝麻，口感爽脆。店中的招貼和對聯都由熱中藝術的董娘親自提筆。營業時間是早上10點至下午6點，但賣完就打烊。店址：恆春鎮恆南路2巷22號（在南門外，由恆南路70號旁巷子轉入）。

交通

自己開車

　　北、中部：走高速公路，在終點下。左轉17號省道直向南，在水底寮接

1 號省道，然後在楓港接26號省道。

東部：走 9 號省道向南，在楓港接26號省道。

火車

北、中部：到高雄火車站前的台汽東站，轉搭客運直達恆春，或尋找租車店租汽車。

東部：到枋寮，再轉搭客運直達恆春。

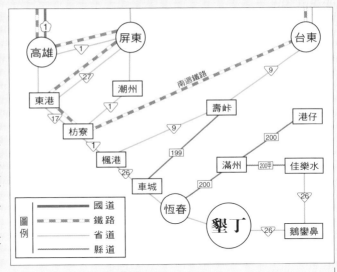

飛機

到高雄小港機場，在機場內租車，或在機場外轉搭中南客運、台汽客運、高雄客運或屏東客運，直達恆春、墾丁。

客運

往恆春的車班，可在高雄、屏東兩地搭乘。有台汽客運、中南客運、高雄客運、屏東客運可供選擇，詳細路線請參見下表。

鐵路、航空、客運	
台灣鐵路局	2381-5226。語音訂票412-1111及412-6666（轉333#）； 6碼電話區請撥41-1111或41-6666。網路訂票http://www.railway.gov.tw/
遠東航空	台北（02）3393-5388　高雄（07）337-1388　花蓮（03）811-0388 台南（06）229-1388　馬公（06）924-9388　台東（089）390-388
復興航空	台北（02）2972-4599　高雄（07）335-9355　花蓮（03）832-9181 台南（06）222-7111　馬公（06）921-8500　金門（0823）21502
立榮航空	台北（02）2358-3131　高雄（07）791-1000　馬公（06）921-6350
華信航空	台北（02）2514-9636　高雄（07）332-0608　台中（04）425-4236 台東（089）326-677　花蓮（03）826-3989　馬公（06）921-6966
台汽客運	高雄火車站-東港-枋寮-楓港-車城-恆春。約半小時一班。恆春站（08）889-2054 屏東火車站-東港-枋寮-楓港-車城-恆春。約1小時一班。屏東站（08）733-8574
高雄客運	高雄-東港-枋寮-楓港-車城-恆春-墾丁。約20分鐘一班。（與屏東客運聯營） 高雄站（07）312-8140
屏東客運	屏東-東港-枋寮-楓港-車城-恆春。屏東站　（08）723-7131
中南客運	高雄-小港機場-東港-枋寮-車城-恆春-墾丁。約15分鐘一班， 在高雄市八德一路308號（近火車站）搭車。（07）251-8955

租車行一覽表

租車行	地　　址	電　　話
上允（汽車）	小港機場大廳租車櫃台	（07）802-5566
	恆春鎮中正路（近台汽車站）	（08）889-8178
聲寶（汽車）	高雄市中山一路333號	（07）201-1303
	高雄市民益路133巷42弄2號	（07）802-2148
	小港機場大廳租車櫃台	（07）806-6648
國晉（汽車）	高雄市凱旋三路867號	（07）717-1700
	高雄市飛機路553號	（07）806-6566
	小港機場大廳租車櫃台	（07）806-6565
東旅（汽車）	小港機場大廳租車櫃台	（07）802-4745
全家福（汽車）	小港機場大廳租車櫃台	（07）806-5013
國勝（汽、機車）	恆春鎮中正路（近台汽車站）	（08）889-8549
欣欣（機車）	恆春鎮新興路24號（台汽車站前）	（08）889-2933
光隆（機車）	恆春鎮新興路（台汽車站前）	（08）889-6876
順發（機車）	恆春鎮新興路（台汽車站前）	日（08）889-6570 夜（08）889-2636
頂佳（汽、機車）	恆春鎮墾丁路80-1號	（08）886-1577
金城（汽、機車）	恆春鎮墾丁路92號	（08）886-1506
墾丁超商（汽、機車；單車）	恆春鎮墾丁路109號	（08）886-1822
帥哥（機車）	恆春鎮墾丁路181號	（08）886-1149
國卿（汽、機車）	恆春鎮墾丁路182號	（08）886-1089
興吉（汽、機車）	恆春鎮墾丁路257號	（08）886-1095
勝利（機車）	恆春鎮墾丁路259號	（08）886-1008

潮汐資訊	大潮				中潮				
	農曆	漲潮	退平	小滿	小平	農曆	漲潮	退平	小滿	小平
	1　16	06:50	12:50	18:50	00:50	5　20	10:02	16:02	22:02	04:02
	2　17	07:38	13:38	19:38	01:38	6　21	10:50	16:50	22:50	14:50
	3　18	08:26	14:26	20:26	02:26	7　22	11:38	17:38	23:38	05:38
	4　19	09:14	15:14	21:14	03:14	8　23	12:26	18:26	00:26	06:26

資料來源：墾丁國家公園

日出日落資訊

資料來源：墾丁國家公園

一月	時間＼日期	1	5	10	15	20	25	30
	日出	06:36	06:38	06:38	06:39	06:39	06:37	06:36
	日落	17:25	17:28	17:31	17:35	17:37	17:41	17:45
二月	時間＼日期	4	9	14	19	24		
	日出	06:35	06:31	0628	06:26	0622		
	日落	17:48	17:51	17:54	17:56	1759		
三月	時間＼日期	1	6	11	16	21	26	31
	日出	06:18	06:14	06:10	06:05	06:01	05:56	05:51
	日落	18:01	18:03	18:05	18:07	18:09	18:11	18:12
四月	時間＼日期	5	10	15	20	25	30	
	日出	05:46	05:44	05:37	05:33	05:29	05:26	
	日落	18:13	18:15	18:17	18:19	18:21	18:23	
五月	時間＼日期	5	10	15	20	25	30	
	日出	05:23	05:20	05:18	05:16	05:14	05:13	
	日落	18:25	18:27	18:30	18:32	18:34	18:36	
六月	時間＼日期	4	9	14	19	24	29	
	日出	05:13	05:13	05:13	05:14	05:15	05:17	
	日落	18:38	18:40	18:41	18:43	18:43	18:44	
七月	時間＼日期	4	9	14	19	24	29	
	日出	05:18	05:20	05:22	05:24	05:26	05:28	
	日落	18:45	18:44	18:44	18:43	18:41	18:38	
八月	時間＼日期	3	8	13	18	23	28	
	日出	05:30	05:32	05:34	05:36	05:37	05:39	
	日落	18:36	18:33	18:29	18:26	18:22	18:18	
九月	時間＼日期	2	7	12	17	22	27	
	日出	05:41	05:42	05:42	05:44	05:46	05:47	
	日落	18:13	1808	18:03	17:58	17:53	17:49	
十月	時間＼日期	2	7	12	17	22	27	
	日出	05:49	05:51	05:52	05:54	05:56	05:58	
	日落	17:44	17:39	17:35	17:30	17:27	17:24	
十一月	時間＼日期	1	6	11	16	21	26	
	日出	06:01	06:04	06:07	06:10	06:13	06:16	
	日落	17:20	17:17	17:16	17:15	17:13	17:12	
十二月	時間＼日期	1	6	11	16	21	26	31
	日出	06:20	06:23	06:26	06:29	06:32	06:34	06:36
	日落	17:12	17:14	17:15	17:17	17:19	17:22	17:26

小潮					長潮				
農曆	漲潮	退平	小滿	小平	農曆	漲潮	退平	小滿	小平
9 24	13:14	19:14	01:14	07:14	13 28	16:26	22:26	04:26	10:26
10 25	14:02	20:02	02:02	08:02	14 29	17:14	23:14	05:14	11:14
11 26	14:50	20:50	02:50	08:50	15 30	18:02	24:02	06:02	12:02
12 27	15:38	21:38	03:38	09:38					

相關單位電話

墾丁國家公園遊客中心	恆春鎮墾丁路596號	（08）886-1321
龍鑾潭自然中心	恆春鎮草潭路250巷86號	（08）889-1456
林業試驗所恆春分所	恆春鎮墾丁里公園路203號	（08）886-1157
洋蔥產業文化館	車城鄉中山路15號	（08）882-1022
國立海洋生物博物館	車城鄉後灣村後灣路2號	（08）882-4544
畜產試驗恆春分所	恆春鎮牧場路1號	（08）886-1341
恆春區漁會	恆春鎮大光里大光路79-15號	（08）886-7497
恆春區漁會候船室	恆春鎮大光里大光路79-15號	（08）886-6815
墾丁國家公園遊艇港 （海洋傳奇公司）	恆春鎮大光里大光路79-43號	（08）886-7869
恆春基督教醫院	恆春鎮恆西路21號	（08）889-2293
恆春醫院	恆春鎮恆南路188號	（08）889-2704

生態保護區之申請

　　墾丁國家公園生態保護區的申請，已全面使用電話語音及網路線上系統。電話申請者須以數字輸入進入日期、人數、每個人的身份證字號等。行前須至遊客中心聽取簡報（須預約），取得證明方可進入。

語音電話(08)886-2048

線上申請網址：
http://app.ktnp.gov.tw/ktnp/

預約簡報時間的電話：
龍坑（08）886-1321＃250
南仁山（08）881-1095

詳細辦法亦可參閱網址
http://www.ktnp.gov.tw/
chinese/admin/Nanjen/phone.
htm

「與國家公園有約」活動

　　墾丁國家公園所舉辦的解說活動，有專任解說員就各項主題進行半日的實地解說導覽，主題有：自然探索、海洋之旅、古蹟之旅、漁港之旅、星空之旅等。活動在全年不定時舉行，夏天較密集，部分活動須事先報名。詳情洽（08）886-1321轉500。

遊憩活動一覽表

下面表格歸納了30個站點所有的遊憩活動。若特別喜好某些遊憩活動，可依此查詢出各個站點，並設計出自己感興趣的旅遊行程。

	賞鳥	潮間帶觀察	賞昆蟲	賞植物	地形及特殊景觀	眺望	觀星及日出日落	步道	歷史遺跡	浮潛	水肺潛	衝浪	帆船	游泳	沙灘活動	釣魚	遊艇	溫泉	買特產	吃海鮮	漁港	魚市場	參觀展覽
尖山					●	●																	
車城									●										●				●
四重溪									●									●					
石門古戰場					●				●														
海生館																							●
關山					●	●	●																
貓鼻頭公園		●			●	●	●	●															
後壁湖漁港																●	●		●	●	●	●	
瓊麻展示館									●														●
龍鑾潭	●																						
恆春城	●								●										●				●
出火					●																		
南灣		●			●					●	●	●	●	●	●					●			
遊客中心																							●
大尖石山	●				●																		
墾丁森林遊樂區	●		●	●	●			●															
社頂	●		●	●	●			●															
青蛙石	●			●	●			●															
船帆石					●					●	●	●	●	●									
香蕉灣				●																			
貝殼沙展示館					●																		●
鵝鑾鼻公園	●		●	●	●	●		●	●														●
龍坑	●		●	●	●			●															
龍磐	●			●	●		●																
風吹沙					●																		
港口村					●														●				
佳樂水					●																		
滿州	●																						
南仁山自然步道	●		●	●				●															
港仔沙丘					●																		

【參考資料】

山海文化-歷史剪影　劉還月　山海文化雜誌社
天象　墾丁國家公園詩文攝影集
古蹟入門　李乾朗、俞怡萍著　遠流出版公司
台灣之燈塔　財政部關稅總局
台灣古蹟概覽　林衡道　文建會
台灣史前文化　　　　宋文薰等　史聯雜誌21期
台灣地名研究　安培明義　武陵出版社
台灣地誌　陳正祥著　敷明產業地理研究所
台灣的地形景觀　王鑫著　渡假出版社
台灣省沿岸漁業漁具調查報告　陳溪潭等
　　中國農村復興聯委會
台灣植物彙編　廖日京
台灣溫泉全集　張幼雯主編　戶外生活圖書公司
民俗植物──恆春社頂部落
　　台灣省林業試驗所
由民間文學觀點看《思想起》的演化
　　胡紅波著　思與言33：2
西鄉都督和樺山總督
　　西鄉都督樺山總督紀念事業出版委員會
車城史蹟　台灣文獻季刊28：1
拓漁台灣　胡興華　台灣省漁業局
昆蟲入門　張永仁　遠流出版公司
保育研究報告第70號
　　郭城孟　墾丁國家公園管理處
南仁山之植被　陳玉峰、黃增泉著
　　台灣省立博物館年刊第29期
屏東恆春古城調查研究與修護計劃
　　漢寶德計劃主持　行政院文化建設委員會
恆春八景古今觀之探討
　　廖訓志著　史聯雜誌第7期
恆春半島季風林生態之研究
章樂民著　台灣植物彙編6-18
恆春半島豐富之旅　串門出版社
恆春民歌之初步辨識──陳俊斌《恆春調民謠研
　　究》讀後　藍雪霏著　台灣源流12
恆春地方發展之分析　社會學與社會工作第7期
恆春南門城樓復原考據及設計說明
　　李乾朗著　房屋市場第55期
恆春城門　劉啟瑞著
　　http://www.ktnp.gov.tw/38-4.htm
恆春特產　墾丁國家公園管理處
恆春落山風之分析研究

洪秀雄、胡仲英著　　天氣科學18：3
恆春縣志　屠繼善著　台灣省文獻委員會
珊瑚小百科　宋克義著
　　台灣電力公司、國立中山大學出版
珊瑚與珊瑚礁　戴昌鳳著　墾丁國家公園管理處
消失中的台灣珊瑚　李永適著　大地地理出版社
略述恆春史事　楊越凱著　台灣文獻季刊27：2
船釣的魚（一）──外海的魚（一）
　　邵廣昭、李建錡　渡假出版社有限公司
鵝鑾鼻燈塔漢聲小百科5月
　　英文漢聲出版有限公司
滿州獵灰面鷲記　漢聲小百科10
　　英文漢聲出版有限公司
澎湖漁翁島燈塔之研究與維護計劃
　　漢光建築師事務所　澎湖縣政府
墾丁史前住民與文化　李光周等　稻鄉出版社
墾丁國家公園　丁錫庸等　牛頓雜誌社
墾丁國家公園日行性猛禽調查研究
　　劉小如著　墾丁國家公園管理處
墾丁國家公園的──蝦兵蟹將　鄭明修
　　墾丁國家公園管理處
墾丁國家公園的史前文化　李光周著
　　行政院文化建設委員會
墾丁國家公園-南仁山生態保護區
　　內政部營建署墾丁國家公園管理處
墾丁國家公園既有路徑沿線植物生態基礎資料調查
　　及其解說教育系統規劃研究　郭城孟計劃主持
　　內政部營建署墾丁國家公園管理處
墾丁國家公園植物生態簡介　劉和義
　　墾丁國家公園管理處
墾丁國家公園植群之多變數分析
　　蘇鴻傑、蘇中原
　　中華林學季刊21（4）：17-32（1988）
墾丁國家公園傳統民居與聚落環境調查研究
　　李乾朗　墾丁國家公園管理處
墾丁國家公園蝴蝶生態簡介　蔡百峻
　　墾丁國家公園管理處
磯釣的魚（一）──沿岸的魚（一）
　　邵廣昭、陳立文　渡假出版社有限公司
磯釣的魚（二）──沿岸的魚（二）
　　邵廣昭、陳麗貞　渡假出版社有限公司
鵝鑾鼻公園考古調查報告　李光周
　　墾丁風景特定區管理處
鵝鑾鼻公園植物與植被　陳玉峰著
　　墾丁國家公園管理處

【致謝】本書的完成，特別感謝：（依姓氏筆劃序）

王明雪　伍淑惠　吳秀華　吳尊賢　呂秀三　李匡悌　李俊德　林瓊瑤　洪閔慧
紀宜姍　徐志初　張文緯　陳正鵬　陳杏秋　陳育賢　陳建志　陳恩理　陳進義
陳麗淑　溫杞華　葉經華　劉彥廷　蔡乙榮　蔡憲隆　戴昌鳳　謝忠良　謝明慧
鍾佳君　恆春區漁會　恆春鎮公所　順興港口茶業行　墾丁國家公園管理處

作者簡介

陳文山
1957年出生於高雄市。國中時即立志地質研究，1977年以第一志願考上台大地質系；接著進台大地質研究所深造，為了寫論跑遍恆春半島和海岸山脈。1988年獲得博士學位，現職台大地質系副教授。

周民雄
屏東農專農化科畢業，1984～1995年任職墾丁國家公園管理處解說課，1996年迄今為金門國家公園管理處解說課技士；除解說及自然觀察經驗豐富外，並曾獲多次自然攝影大獎，目前為中華民國荒野保護協會高雄分會會長。

李可
文化大學藝術學院畢業，1980年進入警廣高雄台起，製作廣播節目迄今已21年。1988年起投入生態報導，除廣播外並做野外聲音收錄及文字工作；現為中華民國荒野保護協會高雄分會副會長、自由廣播人及家庭主婦。

【圖片來源】

●封面設計／唐亞陽
●全書地圖、平面圖／陳春惠、林玉婷繪
●全書攝影（除特別註記外）／郭娟秋
●全書舊照片翻拍／陳輝明
●4～5、4左一、5右下、6～7、6右上、7右下、12左上、13右上、22下、35右下、43、57上、57右下、67右上、93右下、98、106、116下、117、129、130、132下、136右上、137右上、144、157、161、220、224、226下、230下、231、167、170、175右上、187上、189、190右下、191、193上及下、194左、199上及下、200下、216、217／周民雄攝
●5右上、51、162～163植物、192右上及左上、226上及中、227右上及中／陳建志攝
●5左三、28右上、34、35左上、36左上、36右下、99右下、223上／吳尊賢攝
●6左下、33下、31珊瑚、122～123珊瑚、124下／戴昌鳳攝
●7左下、125右上／劉彥廷攝
●17、67下、74、180、204下／陳敏明攝
●29右下、93右上、148右下、149左上、158右上、160／周怡伶攝
●32果實、123右上 (戴昌鳳提供)／122～123礁石、127右上、162～163果實／陳輝明攝
●37左下、右一、右三、右四、150～152／張永仁攝
●47／邵廣昭攝
●50／張照堂攝
●54上及下／黃崑謀攝
●66、95右下／楊雅棠攝
●126左下、127左上／陳育賢攝
●177／李匡悌攝
●198／陳正鵬攝
●203下；213 (陳文山提供)／徐志初攝

●18～19中、32右下、55地形圖、56、59、62、69右上、72、73、79下、80～81下、81右、82左、83右、85左下、88～89上、102、110下、115右上、116右上、116中、124上、125下、126右上及右上、127左下及中、138左下、139下、142左、145、148左下、153、155上、156、158～159下、162右下、165右上、228、230上、232／鍾燕貞繪
●24～25下／江彬如繪
●26～27中、26左下、33左下、48～49、61右、68～69下、76～77、86～87下、90～91、94～95、96、100～101、114～115中、115右下、140～141、142～143、164～165、220～221、222、227左、229、172～173、174～175、176～177、178～179、182～183、194～195上、207、208、209、210、211、212、214、215、216／黃崑謀繪
●30～31下、32左上、185、187、188、189、194～195下、196～197下、201、204上、206／鍾燕貞、黃崑謀繪
●55白頭翁及鳥頭殼、193上及下／王繼世繪
●88～89下／許正宗繪
●40 原圖引自《台灣蕃族圖譜》；60右上 原圖引自《西鄉都督和樺山總督》／中央圖書館台灣分館提供
●41／省立博物館提供
●42、120 原圖引自《日本地理大系Ⅱ台灣篇》；97、181 原圖引自《Taiwan (A Unique Colonial Record)》；113左下二、128 原圖引自《台灣紹介最新寫真集》／意泉工作室提供
●58下／清泉山莊提供
●112右上、113左上／李乾朗提供
●112右下一、113左下一 原圖引自《屏東恆春古城調查研究與修護計劃》
●180郵戳、184右上／莊永明提供
●223下底圖／張家丞提供

國家圖書館出版品預行編目資料

恆春半島深度旅遊／陳文山等編著 -- 初版.
　-- 臺北市：遠流，2000（民89）
　　面；　　公分. -- （臺灣深度旅遊手冊）
　參考書目：面
　含索引
　ISBN 957-32-4143-9（精裝）

　1. 屏東縣 - 描述與遊記

673.29／135.6　　　　　　　　　　　89011776

台灣深度旅遊手冊12

恆春半島深度旅遊

編著◆陳文山・周民雄・李可・遠流台灣館

責任編輯 ── 周怡伶・鄧子菁	美術主編 ── 陳春惠・黃崑謀	攝影 ── 郭娟秋
周舜瑾・連翠茉	鍾燕貞	
特約編輯 ── 陳杏秋	圖片協力 ── 陳輝明・徐志初	企劃 ── 祝文君

總策劃 ── 莊展鵬　　副總編輯 ── 黃盛璘　　美術總監 ── 唐亞陽

發行人 ── 王榮文
出版發行 ── 遠流出版事業股份有限公司　台北市汀州路3段184號7樓之5
　　　　　郵撥：0189456-1　　電話：（02）2365-3707　　傳真：（02）2365-7979
著作權顧問 ─蕭雄淋律師
法律顧問 ── 王秀哲律師・董安丹律師
輸出印刷 ── 中原造像股份有限公司
裝訂 ─── 中原造像股份有限公司
□2000年10月1日　初版一刷

行政院新聞局局版臺業字第1295號
售價500元（缺頁或破損的書，請寄回更換）
©2000遠流出版公司　著作權所有・翻印必究　Printed in Taiwan
ISBN　957-32-4143-9
YLib 遠流博識網　http://www.ylib.com/　E-mail:ylib @ylib.com